档案建设与管理研究

李宁宁　张海平　赵建莉◎著

中国书籍出版社
China Book Press

图书在版编目（CIP）数据

档案建设与管理研究 / 李宁宁, 张海平, 赵建莉著. -- 北京 : 中国书籍出版社, 2023.12
　　ISBN 978-7-5068-9645-0

　　Ⅰ.①档… Ⅱ.①李… ②张… ③赵… Ⅲ.①档案管理-研究 Ⅳ.① G271

中国国家版本馆 CIP 数据核字 (2023) 第 216445 号

档案建设与管理研究
李宁宁　张海平　赵建莉　著

图书策划	邹　浩
责任编辑	李　新
责任印制	孙马飞　马　芝
封面设计	博健文化
出版发行	中国书籍出版社
地　　址	北京市丰台区三路居路 97 号（邮编：100073）
电　　话	（010）52257143（总编室）　（010）52257140（发行部）
电子邮箱	eo@chinabp.com.cn
经　　销	全国新华书店
印　　厂	北京四海锦诚印刷技术有限公司
开　　本	710 毫米 ×1000 毫米　1/16
印　　张	11.5
字　　数	220 千字
版　　次	2024 年 1 月第 1 版
印　　次	2024 年 1 月第 1 次印刷
书　　号	ISBN 978-7-5068-9645-0
定　　价	68.00 元

版权所有　翻印必究

前　言

档案是社会发展状态的储备器与温度计，它对一个社会各方面的信息进行了较为精准的存储，从中可以观察到一个社会大致的发展脉络及未来发展趋势。随着信息技术的快速发展，人们对档案管理及其信息化范畴的问题也越来越关注，相关研究者对这一领域诸多问题的研究越来越多。档案管理工作是用科学的理论和方法管理档案，提供档案为各级党政机关、社会组织和个人服务的工作。档案管理工作的基本任务是收集齐全、妥善保管、整理加工和开发利用各种门类和载体的档案，不仅为档案形成者的各项管理工作服务，而且应承担起记录历史、传承文化的社会重任。

伴随现代信息技术的飞速发展与应用，信息化为社会的经济发展注入强大动力，也为人类的生产生活方式带来重大变革。在信息技术的引领下，档案工作也紧扣时代脉搏，加快信息化建设步伐，档案信息化成为社会信息化时代背景下档案管理工作发展的必然趋势。

档案是历史的真实记录，通过档案我们可以了解过去、把握现在、计划未来。本书主要研究档案建设与管理，本书从档案的概述入手，对档案的基本知识与档案工作基础理论做了简单的叙述，针对档案信息资源建设，档案信息数据库的构建与设计做了分析研究，另外对档案管理信息化保障体系建设，档案信息化安全体系建设做了简单的介绍，最后对智慧档案馆建设，信息时代档案管理工作提出了建议。本书的写作，尽力争取结构清晰，逻辑严谨，语言简练。希望能够为档案工作者更有效地开展档案工作提供一些有益的借鉴。

由于笔者水平有限，加之成书时间仓促，书中难免存在不妥之处，衷心希望各位专家、同行和读者能够不吝赐教，给予批评指正，以期使本书得到不断完善。

目 录

第一章 档案的概述 ······ 1

    第一节 档案的基本知识 ······ 1

    第二节 档案工作的基础理论 ······ 12

第二章 档案信息资源建设 ······ 21

    第一节 档案信息的数字化 ······ 21

    第二节 电子文件归档与电子档案移交 ······ 37

第三章 档案信息数据库的构建与设计 ······ 47

    第一节 档案信息数据库构建的理论依据 ······ 47

    第二节 档案信息数据库的总体架构和主要功能 ······ 51

    第三节 档案信息数据库的逻辑设计、物理设计和功能设计 ······ 61

    第四节 档案信息数据库核心业务流程设计 ······ 78

第四章 档案管理信息化保障体系建设 ······ 84

    第一节 宏观管理保障体系 ······ 84

    第二节 标准化规范与信息安全保障体系 ······ 89

    第三节 人才队伍与信息技术保障体系 ······ 99

第五章 档案信息化安全体系建设 ······ 108

    第一节 档案信息化与档案信息化安全体系概述 ······ 108

具有保存价值、按照一定规律适当集中。所谓"办理完毕",是指文件在文书处理程序上的办理完毕,而非办事程序和内容上的办理完毕。所谓"具有保存价值",是指办理完毕的文件的未来使用价值,即未来有用性。具有保存价值的文件,是文件转化为档案的根本原因。所谓"按照一定规律适当集中",是说必须按照文件之间的内在联系,通过一定的程序和方法将其集中起来规范整理,实现系统化、条理化。科学定义上的档案,不是孤立的或者杂乱无章的文件堆积,而是内在联系着的有价值的文件整体。

档案的形式多种多样,这揭示了档案的物质存在形态和形式范围。人类实践中产生的档案,形式多种多样。档案的形式是指档案文件存在形式和内容记述与显示方式等因素。从档案信息载体来说,有甲骨、金石、缣帛、竹简、泥板、纸草、纸张、胶片、磁介质、光介质等;从信息表达方式来说,文书档案有法律、条例、办法、决定、指示、总结等,科技档案有产品图、竣工图、测绘图、气象图等;从档案材料制作方式而言,有刀刻、手写、印刷、摄影、录音、录像、复印、缩微等。档案形式的多样性要求我们在实施档案管理活动时,要注意从档案形式方面构建结构合理、科学的档案库藏结构,丰富档案资源。

档案是原始的历史记录,这揭示了档案的本质属性,是档案定义的核心和实质。"原始的历史记录"是档案所以成为档案的质的规定性。"档案是原始的历史记录"这一本质属性,是科学界定档案的范围,恰当区分档案和非档案的根本标准。

(二)电子档案、电子文件的定义与特点

电子计算机技术飞速发展,特别是电子计算机技术和现代通信技术相结合形成了信息技术产业,极大地推动了办公自动化、电子商务、电子政务的发展和深化,由此产生了电子公文、电子图书、电子图形图像、电子文献资料等电子文件。具有档案保存价值的电子文件经过归档,即形成电子档案。因此,电子档案就是人类在运用现代信息技术从事社会实践活动的过程中形成的具有保存备查价值的电子文件经过归档转化而来的原始历史记录。电子档案与电子文件具有显著同一性。

"电子文件指在数字设备及环境中生成,以数码形式存储于磁带、磁盘、光盘等载体,依赖计算机等数字设备阅读、处理,并可在通信网络上传送的文件。"电子文件是"以数码形式记录于磁带、磁盘、光盘等载体,依赖计算机系统阅读、处理并可在通信网络上传输的文件"。电子文件是通过代码形式记录于载体,如磁盘、磁带或穿孔卡带,它的内容只能通过机器来利用,并根据来源原则进行整理;电子文件是通过数字电脑进行操作、传输和处理的文件,并具有文件的一般定义。可见,电子文件具有这样一些特点:以数字形式存在,是数字化信息技术的产物;非人工直接识读性;对设备、技术的依赖性;物理结

构与逻辑结构的复杂性及对元数据和背景信息的依赖性；文件信息与载体的相分离性和自由移动性；形成与更改易操作性；信息的流动性和资源利用的共享性。电子文件有文本文件、图像文件、图形文件、音频文件、多媒体文件、超媒体文件、程序文件、数据库文件等类型，而且新的种类还会不断产生。电子档案虽然因其生成条件、运行过程、识读方式以及检索、传输、利用等均与传统档案存在较大的差异性，但在主要方面仍然符合档案一般定义所揭示的档案特质。

二、档案的属性

要科学地管理档案，就必须掌握档案的属性。把握了档案的本质属性，才能科学地区分档案和非档案；把握了档案的一般属性，才能正确理解档案与其他事物的关系，恰当处理好档案管理和其他相关工作的分工与协作，有效地服务经济与社会建设事业。

（一）档案的本质属性

档案不仅具有"原始性""历史性"和"记录性"，而且三者有机融合在档案这一特定事物中。"原始的历史记录"是档案的本质属性。

原始性"原始"的含义包括"最初的""开始的""第一手的""最古老的、未开发的"。说档案具有"原始性"，是"原始的"历史记录，就是说档案在内容和形式上是"直接形成"于它所记载和反映的特定主体的社会实践活动中，而且是最初始的、第一手的、未开发的材料，即"没有掺过水分"的一次性文献。档案特别注重"当时性"和"当事性"。另一方面，档案上以文字、图像、声音等各种形式记录下了客观活动过程的具体情况，包括思想、计划、决策、具体内容、实施过程、质量与效果等；在档案上还大量地留存着产生当时的有关当事人的笔迹、图像、语音等若干原始痕迹符号，如领导签发与签署的笔迹、当事人的指纹、当事人的声音、机关印章、个人私章等。

"原始性"直接关系到档案的"证据价值"，是一个根本性的问题。同时，也必须意识到，档案的"原始性"并非绝对的，仅仅是相对于当时、当事和特定主体而言的。还必须指出，电子档案虽存在易更改性，但从相对的角度看，仍然具有原始性；另一方面，随着电子文件及电子档案信息安全保障技术的日益完善，其典型意义上的原始性仍然是非常显著的。我们不能以技术保障措施的缺陷去否认电子档案本身客观存在的"原始性"。客观地讲，只是人们还没有找到有效的解决办法而已。

"历史性"其含义可以从三个方面认识：一是指时间上的"过去"；二是指"事物发生、发展的全过程"；三是从我们认识和研究历史的目的上讲，所谓"历史"，就是"以过去之光照耀现在"。从整体上和科学、典型的意义上讲，档案记载和反映的是"过去"的工作活动；档案是对某个或者某类实践活动或现象的发生、发展、结果等"全过程"进行全面、系统、完整的记载和反映；档案的基本价值和使命以及档案管理的基本任务目标之一，就是要"维护历史发展的真实面貌""再现历史的本来面貌"，充分发挥档案"以过去之光照耀现在"的历史作用，满足各方面利用需要，服务经济和社会建设事业，所以档案具有突出的"历史性"。

记录性档案的"记录性"，指档案是基于某种需要而有意识地通过特定方式与方法形成和积累的。一方面，任何档案的形成都是有意识的而不是无意识的，是人类有意识地制作和使用文件，并有意识地将完结文件中具有保存价值的部分经规范集中和系统整理后转化而来的。另一方面，文件和档案都以文字、声音、图像、数字、图形、线条等符号记录了当时、当事和特定主体开展工作、处理事务的具体思想和活动过程及其成果情况。文献所蕴含的知识与信息是通过人们用各种方式有意识地将其记录在载体上的，而不是天然荷载在物质实体上的。

总之，"原始的历史记录"是档案的本质规定性，是档案区别于图书、资料、文物等若干种非档案事物的显著标志和本质特点；"原始的历史记录"也是档案的根本价值所在。由此决定，只有维护档案的真实历史面貌才能保证档案的根本价值。任何对档案真实性的破坏，将严重损害档案的根本价值。

档案虽然一方面与文物、图书、资料、情报、文件等有质的区别，但另一方面，它们之间也客观地存在着内容不同、程度不同的某些联系，有时甚至呈现出交叉、重合的关系。因此，在实践中一方面要按档案自身的特点管理档案，另一方面要适应信息资源管理的时代要求，积极推进档案与图书、资料、情报、文件等的管理一体化。

（二）档案的一般属性

关于档案的一般属性，形成了"知识性""信息性""文化性""资源性""物质实体性""人工记录性""动态发展性"等成果。在这里我们主要就档案的"知识性""信息性""资源性"做介绍。

档案的知识性简单说，就是人们对主观世界和客观世界认知的成果，而这种认知总是和人类实践活动密切相连。马克思主义认为，每个人的知识虽然由直接知识和间接知识所构成，但从根本上和整体上说，又都是从实践中获得的，离开了实践也就无所谓知识的正确获得、科学运用、有效积累和传承与发展。人们把各项实践活动中所获得的认识和经验加以总结和深化，就成了知识。档案直接形成于人类实践活动中，并真实记载和再现了人类认识世界和改造世界实践的思想、过程和结果，必然是一种重要的知识存在和存贮形式。而且档案不仅是直接知识的存在形式，内容丰富，而且还是各种书本知识（间接知识）的源泉。从现代知识管理的角度讲，文件、档案作为活动的记录，凝结了实践活动者在从事各项活动过程中获得的认识、体会、经验和教训，一般是最主要的显性知识。

总之，档案的形成就是产生、提炼和存贮知识的过程，积累档案就是积累知识，管理档案就是管理知识，利用档案就是传播知识。档案中蕴含的知识是一切文献知识中最基础的知识，档案是其他文献知识的基本起点和源泉，是知识继承和发展的重要基础和前提条件之一。

档案的信息性。信息是客观世界中各种事物变化和特征的最新反映，是客观事物间联系的表征，是客观事物经过传递后的再现。信息是事物的普遍属性，是人们感知事物的中介，能够给人们提供事物性质及运动状态的知识，消除不确定性，向有序化和组织化方向发展。信息来源于物质，但又可以脱离物质而被传递和贮存；信息与载体具有不可分性，必须依附于物质载体而存在和交流。信息按产生先后和加工程度可分为零次信息、一次信息、二次信息和三次信息；按存在的领域可分为自然信息、社会信息和知识信息；从来源与表现形态可分为直接信息和间接信息。信息，特别是间接信息，具有比较显著的价值性、传递性、可存贮性、可加工性、延续性、可继承性和可开发性等特性。因而，信息在一定条件下可以转化为生产力或者呈现出其他方面的价值。

从信息的含义、特征、种类、作用等不难发现，档案是一次信息、社会信息、间接信息，属于信息的范畴，具有强烈的信息属性。

具体地讲，档案是人们在社会实践活动中形成的，真实地记录了各种实践活动的整个过程、具体运动状态和存在方式。它所储备的是人们实践活动中直接产生和形成的原生信息。在各种文献中，唯一直接记录和储备原生信息的只有档案。人们在实践中，既不断地从自然和社会中摄取各种零次信息，又不断地形成新的思想认识，取得成功的经验或失败的教训，获得这样或那样的实践成果。所有这些信息，都首先是借助于纸张、磁带、胶片或者其他载体，并通过手写、摄影、摄像、印刷、刻画、数字等各种记录方式，以档案的形式记载和存贮下来，并被人们在实践中查阅利用。而且档案承载的信息具有原始记录性，记载和描述了最直接、最原始的运动状态、运动过程，它是真实的，具有极其明显和突出的凭证价值。档案信息是社会信息中最基本的一种存在形式，通常是其他形式的信息源。档案信息的原始性、真实性和可靠性，使得它在整个信息家族中具有非常特殊的地位和作用，极具价值。

信息技术迅速发展，信息领域的变革促进了档案领域的历史性变革。一方面档案信息受到了社会广泛关注和重视，社会对档案信息的需求被深度激发，档案信息共享成为历史的必然和潮流。另一方面，各种信息存取技术、新型文献载体、大容量数据库以及局域网、国际互联网的广泛应用，为档案信息的管理和利用提出了新要求，提供了技术支持。新技术、新需求，彰显了档案的信息属性和信息价值，促进了广泛而强烈的社会需求的迸发，极大地推动了档案信息化建设的进程。

档案的资源性。简单讲，资源就是指能够带来经济效益和社会效益的要素。现代意义上的资源观，不仅要看到人、财、物等资源，而且还从更广阔意义上理解资源。例如，知识是资源，信息是资源，关系是资源，渠道是资源，建议是资源，客户是资源，商标、品牌、厂名、地理位置是资源，商誉是资源，诚信度是资源，机制是资源，管理方法是资源，思想观念是资源等。不仅要看到硬性资源，还要看到软性资源；不仅看到有形资源，还要看到无形资源；不仅要看到物质性资源，还要看到精神性资源。正确把握和调动各种资源，才能够使其发挥重大的作用，创造出更加辉煌的业绩。

21世纪是以知识和信息为特征的，知识和信息都是21世纪最基本、最重要甚至起决定性作用的资源。可以肯定地说，档案具有资源性，是一种重要的知识资源、信息资源。例如，从相对传统的角度讲，企业档案信息是具有重要情报价值的经济资源和管理资源，而且已成为企业资源计划和企业业务流程重组实施的基础。在企业资源计划中，各项经营管理活动都被看成供需链上的环节，它们之间的关系也化为一种信息流在内部流通和共享。如果没有档案信息（特别是有关客户和供应商的档案信息）在管理业务流程上的传输和共享，就不可能实现各种管理信息的集成，更无法实现企业业务流程重组。可见，档案的资源属性和资源价值是显著的。

从文化的角度上分析，档案不仅具有知识性、信息性、资源性，还具有显著的文化性。之所以这样讲，一是因为档案的产生和历史演进本身就是人类文化的产物和文化发展的结果，档案就是文化的一种表现形式；二是因为档案还直接具有记载和积累文化的作用；三是档案具有传播文化的功能，是一种重要的文化传播手段。站在这个意义上说，档案又是一种文化资源。

总之，档案是一种知识，是一种信息，是一种文化产物和文化承载与传播形式，是社会资源的重要组成。

三、档案的一般形成规律和历史联系

（一）档案的一般形成规律

档案是社会组织或个人在履行职能任务或实施个人事务过程中形成并办理完毕且有保

存价值的文件转化而来，是与其记载和反映的社会实践活动"间接同步""成套"地形成的，并与其产生的社会文明及技术环境不可分离。在档案管理中，只有充分地研究和尊重档案的形成规律以及由此决定的档案的内在联系等，才能管理好档案，才能有效促进档案资源的开发与利用。

档案是与其记载和反映的社会实践活动"间接同步"地形成的，档案是由文件转化来的，从内容和形式上看，文件和档案是"同一事物"，没有丝毫差异；而文件是作为有关社会活动的内容组成部分与社会活动直接同步地形成的。所以，从内容和形式上看，档案是与有关社会活动"同步"形成的。但是，基于"社会实践活动—文件—档案"的脉络，严格、完整、典型意义上的档案与社会实践活动的关系是一种"间接性"的关系。我们只能说，档案是与其记载和反映的社会实践活动"间接同步"地形成的。

档案是成套地形成的，任何一项社会活动中所形成的文件一般都自然地"成套"，完整地记录和再现该项特定实践活动的发生（或筹备）、演变（或经过）、结果、事后影响（效果）。从积累知识和经验、记录历史的需要而言，保持材料成套性，完整反映每一项活动是一种客观要求。只有成套地形成的档案才利于实现档案的价值和使命。

档案是与特定社会文明及技术环境不可分离的。从实质上看，档案的演进是与人类文明的发展相一致的，与特定历史背景下的技术条件不可分离的，不论是其产生还是识读和利用均是如此。

（二）档案的历史联系

档案历史联系概述由档案的形成规律决定，档案之间具有客观、内在的历史联系，我们必须以科学的态度和方法努力地认识它、把握它、揭示它、保持它、利用它。保持联系是档案管理中的基本原则和根本性要求之一。把握档案的历史联系，一般应主要研究三方面因素：档案的基本形成特点、档案材料本身的基本构成要素、档案管理的实际需要。

从档案的基本形成特点看，首先，人类实践活动在时间上是延续、继承和发展的，"今天"的活动总是"昨天"的延续、继承和发展，"明天"的活动也必然是在"今天"活动的基础上合乎规律的客观发展结果。档案在时间上具有突出的延续性和顺序性。在空间上是密切相关的，每一社会组织和个人的实践活动绝不是彼此孤立的，而是不同程度地相互联系着的，具有空间关联性。作为与实践活动"间接同步"形成的档案，都围绕机关、单位的职能任务，具体形成于为实现特定目的而开展的每一项活动的全过程中，客观地有着某种职能、目的、活动、形成过程方面的同一性和相互间的逻辑联系性，即来源上是联系着的。

从档案材料本身的基本构成要素看，任何文件一般都有责任者、事由（问题或内容）、时间、空间（地区）、文种等五个内容要素。该五要素既是区分文件的五个方面，又是分析和把握文件之间具体联系的五个方面。抽象地从这个角度看，档案具有责任者联系、事由（问题或内容）联系、文种联系、时间联系、空间联系。档案的历史联系可归纳为来源联系、内容联系、时间联系、形式联系。

（三）档案历史联系的内容及其对档案管理实践的主要要求

来源联系。来源联系是指档案间在来源上具有同一性，或者是"实体来源"上的同一性，或者是"概念来源"上的同一性。所谓实体来源，是指以档案形成者为中心的档案实际来源。实体来源具有较强的可操作性，成为档案收集、整理、保管、检索等实务活动的直接依据和具体方法。概念来源是指电子档案基于计算机虚拟管理实际而具有的某种职能、目的、活动、形成过程等来源。概念来源强调关注、了解、利用和保持文件的形成过程和背景等来源联系，它一般不适用于档案实体管理工作，主要起一种理念作用。

不论是实体来源还是概念来源，对档案管理实践均有指导价值，都要求保持同一来源的档案或档案信息的适度归集，不同来源的应当采取适当方式区分。其中，实体来源联系要求管理档案实体必须区分全宗，在全宗内分类时可采用机构分类法，在档案实体材料排列时可根据具体情况适当采用机构序列排列法。

内容联系。内容联系是指档案材料在内容上的同一性。内容是档案构成要素中最实质、最稳定的核心性要素，是社会利用档案的主要需求对象。因此，档案管理一般都必须优先、充分地考虑和保持内容联系。遵循和保持内容联系，一方面要求将内容相同的档案集中在一起并一般地依内容的重要程度或内容间的逻辑关系进行科学排列；另一方面要求将不同内容的档案区分开来，不可交叉混杂。在档案分类时采用问题分类法，排列时采用内容重要程度或内容间逻辑关系排列法，进行档案检索以及档案信息开发与提供利用服务时充分挖掘档案内容因素的价值。

时间联系。时间联系是档案间存在的客观联系，是指档案材料在时间上的相同性及顺序性。遵循和保持档案间的时间联系，一方面要求将时间相同的档案集中在一起，不能分散、割裂；另一方面又要将时间不同的档案区分开并按照时间顺序进行排列。保持档案之间的时间联系，要求在全宗内档案分类时应采用年度分类法，进行文件排序时应采用时间排列法，进行档案编目及信息开发时应准确标写或反映出时间。

形式联系。档案的形式联系是指在文种、载体等方面的联系。形式联系虽非档案间的主要的和实质的联系，但对档案管理实务也具有重要作用。实践中不同载体、不同存储手段的档案及档案信息应当分开保管。

四、档案的价值

（一）档案价值的概念及其基本内容

档案的价值是档案和档案管理工作存在与发展的生命力之所在。所谓档案的价值，是指档案的利用价值，亦即档案对社会需要的满足或者说是档案对满足社会需求的有用性。档案的属性特别是本质属性能够满足社会的某种需求时，就形成了档案的价值。档案的价值问题是事关档案"生死"、决定档案事业"存亡"的最根本的问题之一。需要指出的是，档案不是商品，因而"档案的价值"不是政治经济学上定义的"价值"，而是指档案的使用价值或者说是它的"有用性"。

档案能够满足社会需要的有用性，虽然其具体表现呈现出多样性、变动性，但归纳起来，基础性的价值主要有两方面：凭证价值、参考价值。档案的其他具体价值都是以此为基础的，可以说没有凭证价值和参考价值，诸如文化价值、资源价值等均无从谈起。

档案的凭证价值是指档案由其本质属性决定而具有的证据价值，可以起到其他文献无法比拟的证据作用。档案的凭证价值是档案最基本和最基础的价值，没有这一点，档案也就根本不可能具有并发挥任何其他的作用。

档案具有凭证价值是由其形成规律和档案自身的特点所决定的。从档案形成过程及其结果上看，档案是从当时、当事直接使用的文件转化而来，并非在使用之际临时编造的，它客观地记录了以往的历史情况，是历史真迹，是令人信服的历史证据，具有无可置辩的证据作用。从档案本身的物理形态上看，文件上保留着真切的历史标记。如有的文件上有当事人的亲笔签署或批示，有的文件上有机关或个人的印信，而有的文件上则有原来形象的照片、录像和原声的录音等，这些就成了日后查考、研究、争辩和处理问题的依据。这些原始标记进一步证明了档案是确凿的原始材料和历史证据，是真实的历史凭证。

档案的参考价值。参考价值是指档案因其基本属性所决定而具有的对他时、他人、他事的借鉴价值。档案作为人类实践真实的原始记录，客观记录了实践的思想、活动经过、实践方法与技术、成绩与问题、经验与教训以及对有关实践活动规律的认识等。而且档案来源非常广泛，记录的知识信息内容极其丰富。档案中有成功的经验和失败的教训，有思想观点和实践事实，既涉及社会的变革又涉及生产的发展等。这些都可为后人和他人提供借鉴，使我们在工作和学习中少走弯路，尽快达到目的。人类社会发展的连续性、承继性，需要档案发挥参考甚至依据作用。与图书资料等相比较，档案的参考价值具有更强的可靠性、系统性。档案是原始记录,是第一手的资料。同时,档案是人类在活动中形成的,具有来源广泛、内容丰富的特点,是可以满足各类社会组织和个人广泛利用需求的。任何单位或个人遇难题,都可以到档案部门参考档案,寻找答案。

(二) 辩证地认识档案价值

从主体与客体关系角度认识,档案的价值实际上是档案的客观属性与利用主体需求间交互作用结果的客观反映。如果档案仅有某种属性却无利用主体或者与利用主体利用需求不相匹配,其所谓的"满足社会需求的有用性"也就无从谈起;如果仅有社会利用主体的某种需求,但无与需求匹配的档案,则社会需求也无从满足。所以,"档案的价值"应是一个具有社会属性的概念,是档案能够同社会利用主体的实践活动及其具体利用需求相联系、相匹配的一种属性,属于关系范畴的概念。档案的属性只有同主体的需求联系起来并得到肯定时才谈得上具有"价值",也才能构成"档案的价值"。这就要求档案部门一定要科学地全面分析档案的客观属性,准确判断社会实践活动各方主体对档案信息的需求,有效促成二者间的结合。

从静态与动态结合上认识,一方面,档案的价值就是档案的客观属性与档案利用主体需求之间交互作用的结果的客观反映;另一方面,档案客观上具有的可以满足社会需求的潜在有用性是多方面的,从理论上说是完全能够满足不同时期、不同领域、不同主体的不同需求;再一方面,主体对档案的需求客观地呈现出明显的层次性和变动性。因此,对档案价值的认知、利用、评价,应坚持马克思主义唯物辩证法,从静态和动态两方面进行全面分析与把握。这就要求档案部门在研究和开发档案信息资源时,一方面,要坚持"围绕中心,服务重点"的原则分析并发掘档案的价值,从宏观层面上找到服务的结合部;另一方面,对潜在和现实的具体需求内容与规律加强研究,把握微观利用主体的需求脉搏,提高服务的具体针对性;要把握和利用好档案价值的多维性、间接性。

从对国家和社会的价值与对个体的价值上认识,档案的价值是多方面的,而且在满足社会需求上因主体的动机和目的不同而呈现出不同的层次性,"对国家和社会需求的满足"和"对单个社会组织或者个人具体需求的满足"即其表现之一。应当说,"对国家和社会需求的满足"和"对单个社会组织或者个人具体需求的满足"是既统一又对立的关系。一方面,"对国家和社会需求的满足"并不是抽象的和不可触摸的,它一般是通过"对单个社会组织或者个人具体需求的满足"来实现,二者在整体上和根本上是一致的,具有统一性;另一方面,二者毕竟又是分别处于不同层面上的价值,是档案对不同层次的主体需求予以满足所呈现出的"有用性"。因此,在分析档案价值时必须坚持全面的观点,处理好"具体与一般""局部与整体""个体与社会"之间的关系。在档案信息资源开发与利用服务中，既要立足于首先满足每一特定利用主体的利用需求，又要紧紧围绕党和国家以及地区、行业、单位的中心工作、重点项目等，通过有效满足个体利用需求实现对国家和社会整体需求的满足。

从有用性与可用性上认识，档案对满足各种需求是有用的，具有多角度、多层次的有用性。但是具有"有用性"仅是档案价值问题的一个方面而已，更为重要和更有价值的是问题的另一方面，即"可用性"。如前所述，只有"有用"的档案真正与社会利用主体的具体需求相吻合，并通过利用主体的实际有效利用，现实地满足社会需求，才能获得社会的认同，才会真正被认为是"有价值"的。否则档案和档案工作的"立足之地"将受到严峻的挑战。

因此，档案部门不仅要大力宣传档案和档案工作的价值，营造必要的有关档案价值的社会意识环境；更为重要和关键的，应当是在坚实地做好档案资源基础性管理工作的条件下，千方百计抓准需求，全面、深入、动态的系统开掘，综合分析档案价值的形态与内容，运用传统和现代的有效技术手段和方法，编制科学的检索工具，建立体系完整、实用性强的检索体系，不断"生产"适销对路的档案信息产品。

从工具价值与文化价值上认识。客观地讲，档案作为人类社会实践的成果，具有显著而强烈的文化性，具有传承人类文化的重要作用，是一种其他形式的文献无可比拟和无可替代的文化资源，具有文化价值。但同时也必须认识到，档案还呈现出"工具性"的一面，即还具有工具价值。档案为什么会产生？档案为什么需要保存？答案很简单，正如理论认识成果中说的那样："保存备查。"为"备查"而"保存"，因"保存"而能够"备查"，因保存而可以实现"今世赖之以知古，后世赖之以知今"。这已经充分说明档案产生、积累和保存的直接原因和目的之一，就是作为一种必要的"工具"和手段。实事求是地说，"工具性"应该是档案的一种基础性属性，如果没有档案这种"工具"，何来记载和反映历史真实面貌？何来的传承文化？何来的凭证和参考？因此，"工具价值"也就自然地成为档案的一种基础性价值。

当然，从实质上说，工具价值仅是档案的一种形式价值，文化价值才是其内涵价值认识和开掘档案价值，既要着力于档案的文化价值，发挥其文化资源的作用，但也不能对其工具价值视而不见或任意忽略。要正确处理好内容与形式、目的与手段的关系。

五、档案的一般作用

档案的一般作用是档案基本价值的具体表现。机关、单位工作查考的凭据档案是由机关等社会组织在过去活动中形成的文件转化而来的，记录和反映了社会组织过去各方面活动的情况，并在最初主要是为社会组织工作服务。社会组织要保证其工作的正常开展和延续，一般必须查考利用档案，因而档案工作成为社会组织行政管理工作的重要组成部分。各社会组织在工作中，为了解组织历史，为增强职工主人翁责任感而进行宣教，为塑造良好的组织形象而进行社会宣传，为科学决策和制定切实可行的管理规章，为掌握工作规律或寻求解决问题的办法等，通常需要查考利用档案。

档案作用的发挥有其特定的规律性，正确认识和把握它，有助于增强针对性，便于采取措施促进档案价值的充分实现。

第二节 档案工作的基础理论

广义的档案工作同义于档案事业，是指管理档案和档案事业的活动，包括档案行政管理工作、档案馆工作、档案室工作、档案教育工作、档案科学研究工作和档案出版工作等；狭义的档案工作是指档案管理工作，即档案收集、鉴定、整理、保管、检索、信息开发与提供利用、统计等实践活动，通常就是档案室（馆）开展的业务工作。

一、档案工作的内容与性质

（一）档案工作的内容

档案工作的具体内容可谓纷繁复杂、丰富多彩，但归纳起来主要有以下方面的内容。

1. 档案收集

档案收集是指档案馆（室）接收或征集档案和其他有关文献的活动。收集的任务是实现档案从相对零散向集中的转化，并为国家和社会积累档案财富。通过收集工作，为档案的系统保存与有效利用奠定基础条件。

2. 档案鉴定

传统意义上的档案鉴定，主要是指鉴别档案真伪和判定档案价值的活动。档案鉴定的目的，一是尽量地保管应该保管的档案，二是确保档案的真实可靠，三是区分重要与相对次要的档案，使档案保管机构的人力、物力和财力能够充分发挥作用。随着电子档案数量的不断增加及其管理与利用的日益普遍，对电子档案的鉴定除上述内容外，还包括进行必要的技术鉴定，确保其运行与识读顺畅。

3. 档案保管

档案保管是维护档案信息及其载体的完整与安全的活动。档案保管的内容主要是两个方面，首先是与各种损害档案信息及其载体安全的因素进行不懈的斗争，是维护档案及其信息存储的有序性。保管的目的与任务一是实现档案"延年益寿"；二是通过科学管理"方便利用"。

4. 档案检索

档案检索是指存贮和查找档案信息的过程。通过档案检索工作，可以多途径、多形式地揭示档案的内容与成分，提供检寻档案的手段与方式。

5. 档案信息开发

档案信息开发即科学"开掘"与"发现"档案的价值与作用，并通过适当的渠道、适当的方式、适当的方法适时将其传递给用户，以满足社会利用需求的活动。就我国的档案信息开发实践而言，一般就是"档案编研"。档案编研是指在研究档案和社会需要的基础上，按照一定的题目、体例和方法编辑档案文献的活动。通过档案编研工作，一方面可以发现档案的有用性，而且可以提高档案的可用性，有效满足社会需要，及时实现档案价值；另一方面，通过编研，不仅有利于让档案信息以编研成果形式流传，而且还有助于延长档案原件的寿命。

6. 档案利用服务

档案利用服务也叫"档案提供利用"，是指档案部门通过阅览、复制、摘录、上网等方式，向利用者及时、准确地提供其所需档案信息进行使用的活动。档案利用服务既是档案管理工作根本属性的体现，也是档案管理工作的最终目的。通过有效利用服务活动，可以使档案和档案管理实践活动的价值得以体现和实现。

7. 档案统计

档案统计是指对反映和说明档案及档案工作现象的数量特征进行搜集、整理和分析的活动。通过档案统计工作，可以让人们对档案"心中有数"，并反映出档案工作的成绩或不足，有利于促进档案管理水平与绩效水平的不断提高。

（二）档案工作的性质

档案工作是一种管理和开发档案资源服务的建设事业，是维护历史真实面貌的重要事业。就其基本性质而言，具有显著的服务性、管理性、文化性、政治性。

档案工作是一项服务性的工作，就其实质性的基本内容和作用方式而言，主要是通过管理档案和开展档案信息资源利用服务活动来满足社会各方面需求，为生产、建设、管理、服务等社会活动的顺利推进并取得实效提供必要条件。档案管理劳动的价值和作用的体现，具有"间接性"，必须以社会有关领域的用户的实际有效利用为"媒介"，并通过用户利用后创造的经济效益与社会效益反映出来。因此，档案工作具有显著的服务性，档案工作者必须树立坚定的服务思想，富有"绿叶"精神。

档案工作是一项管理性的工作，主要有两方面的理由：第一，档案工作自身是一项以档案为管理对象的专业性管理工作，自身有一套科学的管理理论、管理方法、管理技术，有其特殊的规律和丰富的科学内容。第二，档案工作是社会管理和其他专业管理工作的重要组成之一。从系统论的观点看，档案工作这一相对独立的管理系统处于不同规模和层次的更大管理系统之中。一方面，档案管理工作融于其他管理工作之中；另一方面，其他管理工作也离不开档案管理工作。例如，人事管理离不开人事档案，财务管理离不开会计档案，教学管理离不开教学档案，人事档案工作、会计档案工作、教学档案工作分别融于人事、会计、教学等管理工作之中，并成为其实施管理的基础性工作。

档案工作是一项具有文化性的工作，档案具有文化性，是一种重要的文化资源。因此，以档案为基本管理对象、以档案为服务社会的基本条件的档案工作，自然也成为具有文化性的工作，甚至可以说是文化工作的重要组成。特别是档案馆工作，因其在人类社会文化传承中的作用决定了它显著的社会文化性，主要表现在：档案是社会文化的组成部分，档案馆具有保存历史文化遗产的作用；档案馆具有传播社会文化知识与信息的作用；档案馆具有社会文化教育的作用；档案馆具有发展科学文化的作用。

二、我国档案工作的基本原则

（一）统一领导，分级集中管理国家全部档案

统一领导，统一管理。统一领导是指国家档案工作由国务院统一领导，地方档案工作由地方各级人民政府直接统一领导。统一管理，是指国家档案局对全国档案事业进行统一的宏观管理，全面规划、统筹安排，制定统一的制度、标准、规章等；地方和专业（行业）的档案工作由地方档案行政管理部门或中央专业（行业）主管部门统一实施业务管理。

档案工作，由各级档案行政管理机构统一地、分层次地进行监督和指导。全国各机关、企事业单位档案工作和各级各类档案馆工作，均由相应的各级档案行政管理机构进行

统一的指导、监督、检查；同时，各机关、企事业单位的档案机构和各级档案馆，必须按统一的规章制度和办法实施档案管理。

档案由各级档案机构分别集中保存，并实行党、政档案的统一管理。各机关、团体、企事业单位等组织形成的全部档案，必须统一由本单位档案机构集中管理，不得由承办单位或个人分散保存，更不得据为己有；需要长久保存的，应按规定集中到有关档案馆保管。

一个社会组织的党、政、工、团、妇联等工作中形成的档案，由统一的档案机构进行管理；需要长久保存的档案，统一集中于有关档案馆保存；各单位的档案管理工作则按管理体制和管理权限，实行在国家档案局统一掌管下，以专业主管机关为主，以各级档案行政管理机关为辅的管理体制，在纵向上实行"按专业统一管理"，在横向上由地方各级档案行政管理部门对本行政区域内的档案工作实行监督、检查和指导。

（二）维护档案的完整与安全

维护档案的完整。一是维护档案在数量上的完整，二是维护档案在质量上的完整。在数量上，要求将所有有保存价值的档案收集齐全，完整再现一个单位或一个地区等的历史面貌。在质量上，按档案的内在联系系统地整理，组成有机整体，不零散、不凌乱，系统反映完整的历史面貌。为此应注重在量中求质，质中求量，真正达到完整的要求。

维护档案的安全，一是维护档案实体的安全，二是维护档案信息的安全。因此，在档案管理过程中，一方面要采用一切手段，尽量延长档案寿命，避免物质形态上遭受破坏；另一方面，既要对档案蕴含的机密内容采取保护措施，防止泄密失密，又要通过有效的技术与手段确保档案信息不被篡改，识读不会困难。维护档案完整和维护档案安全，是对档案工作基本质量要求的两个方面，二者相辅相成，有机地联系着。

（三）便于社会各方面的利用

档案管理工作所有的劳动，最终都是为了提供档案有效满足社会各方面的利用。因此"便于社会各方面的利用"是档案工作的出发点和归宿点，是档案工作的根本目的和终极质量检验标准，支配着档案工作的全过程。

统一领导、分级管理和维护档案的完整与安全是手段性，便于社会各方面使用才是目的性，前者为后者提供组织、制度和物质基础保障，而后者则是前者的目的和方向。只有牢记"便于社会各方面的利用"，才能妥善地处理内外关系中的各种矛盾，把档案工作做得更有成效。

档案工作基本原则的三个组成部分是辩证统一的关系。统一领导、分级管理是核心，没有它做保证，就不会有完整与安全，便于利用的目的也难实现；维护完整与安全是手段，否则就不会有方便利用和有效利用；便于社会各方面的利用是目的，离开了它，维护完整与安全也就失去了方向和意义。所以，应该全面地理解和贯彻执行档案工作的基本原则。

三、档案管理机构

我国档案事业组织体系由档案室、档案馆、档案行政管理部以及其他辅助性机构构成，这些机构在全国范围内构成了一个结构合理、管理科学、颇具规模的档案工作组织体系。其中，直接从事档案具体管理的机构是档案室和档案馆。

（一）档案室的性质与功能

从微观上讲，档案室是机关、企事业单位及其他社会组织的内部组织机构，是集中管理本单位档案的专业机构，是机关、团体、企事业单位内具有参谋和咨询作用的部门；从宏观上看，档案室是国家档案工作组织体系中最普遍、最大量、最基层的业务机构，肩负为国家、为社会积累档案财富的使命。整个国家档案的完整程度和连续积累，首先决定于档案室；档案室是档案形成后首先提供利用、发挥档案作用的前哨；档案室中具有长远利用价值的档案最终要过渡到档案馆，因此档案室工作的好坏直接关系到档案馆档案质量的高低。

档案室按职能任务可以分为两种：一种是纯粹的档案保管机构；另一种是具有档案保管和档案业务指导双重职能的档案室。具体又分为普通档案室、科技档案室、音像档案室、人事档案室、综合档案室、联合档案室六种。

（二）档案馆的性质与功能

档案馆是集中管理特定范围内形成的具有"永久"或"永久和长期"保存价值的档案的基地，是科学研究和利用档案史料的中心，是国家文化事业单位。

档案馆是档案工作组织体系中的主要业务系统，居于主体地位。第一，档案馆集中保存了大量的具有长远保存价值的档案；第二，档案馆在干部配备和物质条件等方面优于其他档案部门；第三，档案馆工作最能体现一个国家或地区的档案工作成果，反映档案工作水平。

专业档案馆是管理特定范围专业档案的档案馆，既可按其所保存档案的载体形态设置，也可按其所保存的档案涉及的专门领域设置，如中国电影资料馆、中国照片档案馆、中国地名档案资料馆、上海市城建档案馆等均属此类。

部门档案馆是专业主管部门设置的管理本部门及其直属机构档案的档案馆，如中华人民共和国外交部档案馆等。

企业档案馆是某一企业设置的管理本企业档案的档案馆。

事业单位档案馆是事业单位设置的管理本单位档案的档案馆。

四、两个一体化

（一）文档管理一体化

随着社会主义市场经济的深入发展和科学技术的突飞猛进，特别是计算机技术、网络技术等的发展，理论和实践领域根据新的形势提出了"文档一体化"的管理理念。随着信息化建设的积极推行和日益深化，"文档一体化"的实践已初见成效。所谓"文档一体化"，就是从文件管理工作和档案管理工作的全局出发，在文件生成、处理、归档到档案管理的全过程中，使用"文档一体化"计算机管理系统，一次输入，多次输出，反复利用。一方面，从文件产生到运转的每一个环节上，特别是在文件向档案转化的关键环节上，都体现并努力符合档案的要求；另一方面，档案管理必须关注文件管理阶段的若干技术细节，注重文件的形成、使用、管理对档案管理的影响，并据此需要通过特定的技术条件和技术手段，在制度与标准的支撑下，从文件管理阶段就提前介入。实现文档生成一体化、管理一体化、利用一体化、规范一体化，做到文件工作与档案工作信息共享和规范衔接。

文件管理与档案管理一体化，是将原来的文书处理和档案管理工作整合为一个既统一又分工，既有联系又有区别的综合性管理过程。这有利于克服文件管理工作与档案管理工作分离而带来的问题和消极影响。由于在日常机关工作中，人们大多只注重文件的现行目的和现行效用，使得文件在质量上出现了物质形态不统一、制成材料不合乎质量要求、信息记录要素不完整、归档范围内的材料不齐全等一系列问题；由于归档是文件管理工作和档案管理工作的结合，归档工作质量的好坏从根本上决定着档案工作的质量，如果文件管理部门和档案管理部门不能很好配合，将直接影响档案的管理；由于我国文件管理工作和档案管理工作各自作为独立的系统，理应由两组管理机构体系来分别承担，档案部门无法从"源头"来控制档案的质量和数量。实现"文档一体化"，不仅可以解决诸如上述的问题，而且也是一种资源整合，既有助于节约资源、提高效益，也有利于减少环节、减少不协调，重组文档管理流程，提升工作质量和效率。

实际上，"文档一体化"是一种由来已久的、客观的需要，并非什么新东西。只不过在过去没有显得那么必需，未真正有效地进行研究和实践，而在现代社会里，由于信息技术的发展，随着电子文件和电子档案的产生并呈几何级数迅猛增长，这个问题成了非正视不可的了。当然，在今天的条件下，"文档一体化"不仅比过去显得迫切，而且确实也比过去任何时期更有条件实现。我们之所以说"文档一体化"是一种客观需要，主要是基于两点缘由：第一，如前所讲，文件与档案之间本身就存在"血缘联系"。文件管理工作人员头脑中要有"档案"二字，不仅要让文件为当前工作服务，还要站在对历史负责的高度，按"文档一体化"的要求，规范地办理每一份文件；档案部门应当从档案质量和管理的需要出发，加强对文件生成、处理、积累、归档等的全程关注，与文件部门密切合作。

"文档一体化"使得档案工作发生了很多新的变化，如档案事业的关注焦点从文件实体转向文件形成过程；从注重分散的个别文件的性质和特征转向关注导致文件产生的业务职能、活动、任务、事务处理和工作流程；从根据文件内在价值或研究价值进行鉴定转向宏观鉴定形成者的主要职能、计划和活动，挑选出反映其主要工作活动的文件加以保存；从对文件的实体整理、编目和保管转向根据信息系统和形成者在相关文件之间的有机联系进行整理。

（二）档案、图书、情报一体化

档案、图书、情报信息一体化管理，是基于社会实践的需要和科学理论的发展而提出来的，是一个世界性的趋势和实践要求。一方面，信息成为一种重要的资源，甚至是一种战略性的资源，受到了世界各国政府、各个企业甚至每一个人的特别重视，因而一体化成了必要；另一方面，因信息技术等现代科学技术的飞速发展，既使档案、图书、情报在内容、形式、数量形成方式上发生了很大变化，又使整合档案、图书、情报进行综合管理、整合资源具备了现实可能。

"一体化"是三者间的共性决定的客观要求。虽然三者之间存在着区别，但三者同时也存在着实质性的共同点，而且一般来说，三者的共性方面还是基本的、主要的。第一，它们都具有信息属性，其承载的内容都符合信息的属性和特征，都是重要的信息资源；它们都是以纸、胶片、磁带等物质载体存储有关信息。第二，作为人类积累、传播和储存知识的方式与手段，所发挥的作用和需要实现的目的具有一致性，而且相互间密切联系又互为补充。第三，从三者管理工作方法来讲，从输入、存储、输出三个基本环节来看，三者的技术管理方法和流程大体相同。它们的输入环节主要是靠收集、验收、登记；存储手段主要是分类、编目、统计、保管、控制、选择、转化;输出方法主要是靠提供利用、阅览、咨询等。因此,从内容属性、形式特征、管理方法等看,三者一体化具有客观基础。

科学技术和信息利用的综合性要求实施三者的一体化管理。不争的事实是,现代科学技术各部门、各学科之间既分化分工,又日益综合,相互渗透,边缘化、综合化是科学技术发展中的一个突出特点。任何一个科学部门、每一个学科,其理论研究也好,实践探索也罢,只有在整个科学体系的相互联系中、在实践方法体系中才能得到发展,不可能脱离其他部门或学科而完全独自进行研究和实践探索。因此,档案、图书、情报领域不仅要注重自身积极向纵深发展,同时也应当加强相互间的横向联系。

实际上,即使是自身的纵向发展也通常是建立在相互联系、相互借鉴基础上的。要发展就必须使现代科学与技术各门学科之间既分化又综合,使科学形成统一完整的体系,使各门学科的研究都不可能脱离其他学科的研究而单独进行。档案学要想在自身的发展中有所突破,就必须在注意向纵深发展的同时,加强与相关学科之间的横向联系。从信息利用者的需求特点来看,在信息时代,一方面人们对信息的需求量急剧增大,对信息的完整性和精准性要求越来越高,对获取有效信息的速度要求也空前严格;另一方面,如果档案、图书、情报分别由不同系统、不同部门进行管理,利用者势必在数量众多、形式多样、内容复杂、管理各异的现实面前遇到许多困难,很难达到全、准、新、快的利用目的。这也客观地要求实现档案、图书、情报等信息管理的一体化。

现代信息管理理念和先进的管理技术手段为档案、图书、情报一体化管理提供了条件。档案、图书、情报管理一体化的信息资源整合,实现档案、图书、情报一体化管理,已经在不少企事业单位取得了成效。

就档案、图书、情报一体化管理的具体组织形式而言,可以采取以原有的档案、图书、情报工作中的某一部门为基础,设立信息中心,成为一个专门机构。实践中,企业一般以档案部门为主体建立档案信息中心(也称信息中心),作为统一的信息管理实体机构。这种组织形式便于建立计算机管理系统,实行现代化管理,同时也有利于实现对信息资源的联合开发利用。实践中不仅统一的企业信息管理机构日益增多,而且若干大型企业对信息资源统一管理,进一步从组织上为真正卓有成效地实现一体化管理提供了保障。

建立信息中心,有利于冲破分别管理时不可避免的信息分散、分割的制约,在更大范围内发挥档案、图书、情报信息资源的长短互补、共同发展,资源重组、综合集成优势,充分发挥信息的作用;有利于集中资金、技术,统筹规划、系统设计,积极采用计算机技术、网络技术、光学技术、声像技术等,加速档案、图书、情报管理的现代化进程,既与企业管理现代化同步推进,又可促进企业管理水平和效益的不断提高。

从未来的发展考虑，最终的"一体化"可能不仅仅是"两个""一体化"，而应当是"文档一体化"与"档案、图书、情报一体化"逐步实现分化基础上的新的整合，走向文件、档案、图书、情报等各类信息资源管理的"大一体化"，实现四者在相互渗透、有机融合基础上的综合管理，使信息资源管理系统的功能进一步放大。当然，在"大一体化"背景下，基于文件本身的一些特殊性，在管理上必然会有一些特殊之处。

第二章 档案信息资源建设

第一节 档案信息的数字化

档案信息资源是国家信息资源的重要组成部分，做好档案信息资源收集、管理和开发利用，对于提升档案事业整体发展水平、促进社会经济全面发展，具有十分重要的意义。档案信息系统只有建立起内容丰富、门类齐全、容量充足、质量上乘、组织良好、整合有序、特色鲜明的档案信息资源体系，才能推进档案信息化全面、持续、有效地发展。

档案信息化处理的对象是数字档案信息，而传统档案都是模拟档案信息，因此，数字化是档案信息化的基础和前提。

一、纸质档案的数字化

（一）纸质档案数字化加工方式

纸质档案的数字化加工方式主要有直接扫描法和缩微转化法两种。

1. 直接扫描法

所谓直接扫描法，是采用扫描仪对纸质档案原件进行光学扫描，将图像信息传送到光电转换器中变为模拟电信号，又将模拟电信号转变为数字电信号，再通过计算机接口传输至计算机存储器中。

直接扫描分为两种方式。

第一，扫描纸质档案后再运用字符识别（OCR）软件进行识别，最终生成文本文件。这种数字化文件的优点是：占据的空间小，便于计算机全文检索，便于档案利用时进行摘录和编辑。其缺点是不能保持档案原件的排版格式以及签名、印章等原始信息；有时OCR字符识别的准确率较低，核对修改较为困难，数字化效率很低，且实际上已经破坏了档案原稿的真实性。

第二，扫描纸质档案后形成数字图像文件。这种图像文件的优点是：能保持档案的内容和排版的原貌，数字化速度快。缺点是：不能进行全文检索，不能编辑文字内容，且占据存储空间大。

以上两种方法的优缺点正好互补，现在有一种方法能将两者的优点融合在一个档案中，即制作双层PDF。其制作方法是：将纸质档案原件扫描成数字化图像文件后再转换成文本文件，然后将这两个内容一样的文件置入同一个PDF文件，将图像文件置于文本文件的上层，图像文件下层隐藏文本文件。查询该文件时，我们既能看到上层保持原貌的图像文件，同时也能对隐藏的文本文件进行全文检索。

2. 缩微转换法

所谓缩微转换法，是针对已经缩微复制的档案，采用专用扫描设备（即缩微胶片扫描仪）将缩微胶片上的模拟影像转换成数字影像的方法。与直接扫描法相比，缩微扫描法更经济、简便、高效。然而，这种方法必须建立在已经对纸质档案进行缩微加工的基础上。

值得注意的是，在对缩微胶片进行扫描加工后，原缩微胶片应与纸质档案一并保存，不能擅自销毁。由此，该档案形成"三套制"保存状态。虽然缩微胶片不如数字化档案容易保存、复制、查询、传播，但是作为模拟信息，缩微档案具有人工可读、稳定性好等数字化档案不具备的优势，又具有体积小等纸质档案不具备的优势，应当成为档案信息资源的重要补充形式。

（二）纸质档案数字化工作流程

纸质档案数字化是一个较为复杂的过程，其基本环节主要包括档案整理、档案扫描、图像处理、图像存储、目录建库、数据挂接、数据验收、数据备份、数字化成果管理等。

1. 档案整理

在对纸质档案进行扫描之前，根据档案管理情况，按下述步骤对档案进行适当整理，并视需要做出标识，确保档案数字化质量。

（1）档案出库

一般来说，大批量纸质档案数字化，首先须将待数字化档案从档案库房搬移至临时周转库房；然后，数字化加工人员从周转库房领取档案进行数字化。无论前者还是后者，数字化加工人员都须按照预定计划，提出申请，经过审批，交接双方清点档案，实行登记，完成档案的交接手续。

(2) 目录数据准备

规范档案中的目录内容，包括确定档案目录的著录项、字段长度和内容要求。然后，为数字化档案检索建立目录数据库。建库可利用原有纸质档案的编目基础，原纸质档案目录如有错误或不规范的案卷题名、文件名、责任者、起止页号和页数等，应进行修改。如纸质档案未建立机读目录数据库，则应当按照档案著录规则重新录入。

(3) 拆除装订

档案在拆除装订前可逐卷加贴条形码，以便在随后流程中通过识别条形码对扫描档案进行准确、高效的控制。该条形码还可为以后档案借阅利用管理提供便利。

然后，工作人员逐卷、逐页检查档案。对内容缺失、目录漏写、页码颠倒以及珍贵、破损的案卷进行登记，并提请档案保管机构妥善处理。

对于不去除装订物会影响扫描工作的档案，应拆除装订物。拆除装订物时，应注意保护档案不受损害。拆除装订物之后要将档案原件排好顺序，并用夹子夹起防止散乱。对于年代久远、纸质条件较差、不便于拆卷的，可采用零边距扫描仪扫描。

(4) 区分扫描件和非扫描件

按要求把同一案卷中的扫描件和非扫描件区分开，剔除无关和重复文件。

(5) 页面修整

纸张的质量关系到扫描仪的选择和扫描效果，因此，必须对严重破损、褶皱不平、字迹模糊的档案做好登记，分别处理。如对褶皱的档案，可进行熨烫；对被污染的纸张，可在通风环境中用软毛刷轻轻刷去浮尘、泥垢或霉菌；对破损残缺的文件需要进行修补。

(6) 档案整理登记

将经过整理后的档案原件交给扫描工作人员，制作并填写纸质档案数字化加工过程交接登记表，详细记录档案整理后每份文件的起始页号和页数。

(7) 装订、还原、归还

扫描工作完成后，拆除过装订物的档案应按档案保管的要求重新装订。恢复装订时，应注意保持档案的排列顺序不变，做到安全、准确、无遗漏。对严重破损的卷皮、卷盒，重新更换。装订人员将装订完成后的档案，贴上专用封条并盖数字化专用章。档案数字化加工完毕并重新装订完成后，要对其进行清点。清点无误后交还给档案管理部门，并办理档案归还手续。

2. 档案扫描

(1) 扫描设备选择

根据档案幅面的大小选择相应规格的扫描仪。大幅面档案可采用宽幅扫描仪，还可采用缩微拍摄后的胶片数字化转换设备进行扫描，也可以采用小幅面扫描后的图像拼接方式处理。纸张状况较差、过薄、过软或超厚的档案以及页面为多色文字的档案，可采用普通平板扫描仪扫描。纸质条件好的 A4、A3 档案，可采用高速扫描仪扫描，以提高工作效率。不宜拆卷的档案，可采用零边距扫描仪扫描。

（2）扫描色彩模式选择

扫描色彩模式一般有以下两种。

第一是扫描形成黑白二值图像。这种图像只有黑白两级，没有过渡灰度。其特点是黑白分明、字迹清晰、文件容量较小。适用于扫描字迹、线条质量清晰的文字或图纸档案。

第二是扫描形成连续色调静态图像。这种图像分灰度图像和色彩图像两种。灰度图像由暗黑色到亮白色的不同灰度组成。灰度级表示图像从亮部到暗部间的层次，也称色阶。灰度级越高，层次越丰富，文件所占容量也越大。灰度模式适用于扫描黑白照片、图像档案，色阶的选择要适度，只要不影响图像质量即可。彩色模式中的色彩数表示颜色的范围，色彩数越多，图像越鲜艳真实，文件所占容量也越大。同样，色彩数选择也要适度，不是越多越好。彩色模式适合扫描页面中有红头、红印章的档案或彩色照片档案。需永久或长期保存，或向国家档案馆移交的档案，一般应采用彩色模式扫描。

（3）扫描分辨率

扫描分辨率参数大小的选择，原则上以扫描后的图像清晰、完整、不影响图像的利用效果为准，采用黑白二值、灰度、彩色几种模式对档案进行扫描时，其分辨率一般均建议选择大于或等于 200dpi。特殊情况下，如文字偏小、密集、清晰度较差等，可适当提高分辨率。需要进行 OCR 汉字识别的档案，扫描分辨率建议选择 300dpi。

（4）OCR 处理

OCR 处理技术已经相当成熟，一般扫描仪都自带 OCR 软件，使用也很方便。然而 OCR 的识别准确率通常不尽如人意，由此影响检索效果。而依靠人工纠正文稿中的错字又非常麻烦。因此，提高 OCR 识别率是档案数字化中比较重要的问题。其实，只要注意以下几点，就可以明显提高 OCR 识别率。

第一是选择适当的扫描分辨率。太低的扫描分辨率通常会造成 OCR 识别率的下降，太高的分辨率会使图像文件过于庞大，且降低识别的速度。在实际操作中，操作人员可通过查看 OCR 识别后生成文本中的红色错字数量（如小于 3%），判断其可接受程度，确定是否采用该分辨率扫描并进行 OCR 识别。

第二是尽量采用黑白二值模式进行扫描。用扫描仪扫描文件时，通常 OCR 识别接受灰度或黑白二值模式，不接受彩色模式。如果文稿印刷质量好，可采用灰度模式，否则，宜采用黑白二值模式。扫描时可手工调节黑白阈值的大小，如黑白二值图像上文字轮廓残缺，则适当增加阈值；若文字轮廓线太粗，则表示信息冗余较多，可适当减少阈值。这样调节后形成的黑白二值扫描图像，可以达到较佳的 OCR 识别效果。

第三是在进行 OCR 识别时注意文字的倾斜校正。OCR 识别允许文稿有细微的倾斜，但是过度倾斜会影响识别率。校正方法是，点击扫描软件上的倾斜校正按钮，识别软件会自动将图像校正，再进行 OCR 识别。第四是对稿件进行识别前的预处理。去除文稿上的杂点和图片，因为杂点会干扰文字识别，图片是不能被识别的，且会影响 OCR 的文字切分。针对文稿中出现分栏的情况，建议用手动设定各栏区域，即用多个框分别选中要识别的文字，然后进行 OCR 识别。

第四是采用适当的识别方式。简体和繁体混排，中英文混排的文稿通常识别率较低。如果文稿中简繁体、中英文是呈块状分布的，可以用图像处理软件，将不同的文字块剪辑成同类文字块合并的文件，然后分别对不同文字进行 OCR 识别。

（5）扫描登记

认真填写纸质档案数字化转换过程交接登记表，登记扫描的页数，核对每份文件的实际扫描页数与档案整理时填写的文件页数是否一致，不一致时应注明具体原因和处理方法。

3. 图像处理

扫描完成后，必须按照要求将所得图像进行技术处理，纠正档案扫描件和原件的偏差，使扫描后的档案图文更加清晰、规范。图像处理大致包括以下内容。

（1）图像数据质量检查

对图像偏斜度、清晰度、失真度等进行检查。发现不符合质量要求时，应重新对图像进行处理。由于操作不当，造成扫描的图像文件不完整或无法清晰识别时，应重新扫描；发现文件漏扫时，应及时补扫并正确插入图像；发现扫描图像的排列顺序与档案原件不一致时，应及时调整。认真填写相关表单、记录质检结果和处理意见。

（2）纠偏

对出现偏斜的图像应进行纠偏处理，以达到视觉上基本不感觉偏斜为准。对方向不正确的图像应进行旋转还原，以符合阅读习惯。

（3）去污

对图像页面中出现影响图像质量的杂质，如黑点、黑线、黑框、黑边等应进行去污处理。处理过程中应注意不要破坏档案的原始信息。

图像拼接对大幅面档案进行分区扫描形成的多幅图像，应进行拼接处理，合并为一个完整图像，以保证档案数字化图像的整体性。

（4）裁边

采用彩色模式扫描的图像应进行裁边处理，去除多余的白边，以有效缩小图像文件的容量，节省存储空间。

以上纠偏、去污、裁边等处理，可以根据肉眼判断，人工操作完成。也可以用专门设计的软件，预先进行某些设定，然后由计算机自动处理。计算机处理当然效率高，但是没有人工处理灵活。例如，一旦将污点的大小尺寸设计得过小，计算机会将某些标点符号当作污点而自动去除。因此，扫描图像处理还须采用人工和自动处理相结合的方式。

4. 图像存储

（1）存储格式

采用黑白二值模式扫描的图像文件，一般采用 TIFF（G4）格式存储；采用灰度模式和彩色模式扫描的图像文件，一般采用 JPEG 格式存储。存储时压缩率的选择，应在保证扫描的图像清晰可读的前提下，以尽量减少存储容量为准则。提供网络查询的扫描图像，也可存储为 CEB、PDF 或其他版式文件格式。

（2）图像文件的命名

应采用档号或唯一标识符为数字档案资源命名。采用档号为数字档案资源命名的，若以卷为单位整理，编制档号，推荐增设档案门类代码作为类别号的子项；若以件为单位整理，档号可采用全宗号—档案门类代码·年度—保管期限机构（问题）代码—件号·子件号结构。

5. 目录建库

（1）数据格式选择

目录建库应选择通用的数据格式，所选定的数据格式应能直接或间接通过 XML 文档进行数据交换。该数据库建立可以通过专用的档案管理系统或扫描加工管理软件录入，也可以先在 Excel 专门设计的档案目录表格中录入，然后将数据导入至档案管理系统。

（2）档案著录

按照要求进行著录，建立档案目录数据库，并录入档案目录数据。

（3）目录数据质量检查

为了确保数据的准确性，可采用"单机录入—人工校对"或"双机录入—计算机自动校对"的方法。不管是人工校对还是计算机校对，都要核对著录项目是否完整，著录内容是否规范、准确，发现不合格的数据应进行修改或重录。

6. 数据挂接

（1）汇总挂接

档案数字化转换过程中形成的目录数据库与图像文件，通过质检环节确认合格后，通过网络及时加载到数据服务器端汇总。目录数据库与图像文件应避免采用既慢又容易出错的人工挂接，尽量采用计算机批量自动挂接。只要扫描制作的数字化文件是按纸质档案的档号命名，就可以通过编制挂接程序或借助相应软件，实现目录数据对相关联的数字图像的自动搜索，加入对应的电子地址信息等，实现批量、快速挂接。

（2）数据关联

以纸质档案目录数据库为依据，将每一份纸质档案文件扫描所得的一个或多个图像存储为一份图像文件。将图像文件存储到相应文件夹时，要认真核查每一份图像文件的名称与档案目录数据库中该份文件的档号是否相同，图像文件的页数与档案目录数据库中该份文件的页数是否一致，图像文件的总数与目录数据库中文件的总数是否相同等。利用每一份图像文件的文件名与档案目录数据库中该份文件的档号，建立起一一对应的关联关系，为实现档案目录数据库与图像文件的自动批量挂接提供条件。

（3）交接登记

认真填写纸质档案数字化转换过程交接登记表，记录数据关联后的页数，核对每一份文件关联后的页数与档案整理、扫描时填写的页数是否一致，不一致时应注明具体原因和处理办法。

7. 数据验收

以抽检的方式检查已完成数字化转换的所有数据，包括目录数据库、图像文件及数据挂接的总体质量。目录数据库与图像文件挂接错误，或目录数据库、图像文件之一出现不完整、不清晰、有错误等质量问题时，抽检标记为"不合格"。一个全宗的档案，数字化转换质量抽检的合格率达到95%以上（含95%）时，予以验收"通过"。

合格率=抽检合格的文件数/抽检文件总数×100%。

认真填写纸质档案数字化验收登记表单。验收"通过"的结论，必须经审核、签署后方有效。

8. 数据备份

经验收合格的完整数据应及时进行备份。为保证数据安全，备份载体的选择应多样化，可采用在线、离线相结合的方式实现多套备份，并注意异地保存。备份数据也应进行检验，备份数据的检验内容主要包括备份数据能否打开、数据信息是否完整、文件数量是否准确等。数据备份后应在相应的备份介质上做好标签，以便查找和管理。填写纸质档案数字化备份管理登记表单。

9. 数字化成果管理

应加强对纸质档案数字化成果的管理，确保其安全、完整和长期可用。纸质档案数字化成果提供网上检索利用时，应有制作单位的电子标识，并根据具体情况分别采用可下载或不可下载的数据格式。

二、照片档案的数字化

与文字档案相比，照片档案能更加生动、直观、真实地还原历史场景和人物特征，是重要的影像记忆和特色鲜明的档案资源。有些老照片已经褪色、发黄、破损，亟待采用数字化手段对其图像信息进行抢救和保护。

从工作原理上说，照片档案数字化与纸质档案数字化的操作过程和要求大体相似，但也存在不同。

（一）照片档案数字化的对象

照片档案数字化的对象分底片和照片两种。在有底片的情况下，应优先选择底片。因为底片扫描具有以下优越性：一是传统的照相过程是先形成底片（负片），再用底片冲印成照片（正片），因此底片较正片具有更好的原始性和价值性。二是对底片直接进行数字化，相比将底片冲印成纸质照片，再对照片进行数字化的处理过程，工序更简单，操作更简便，有利于降低数字化成本，提高工作效率。三是传统摄影具有色彩还原真实自然、细节层次精致丰富的特点，较数码摄影仍有一定的优势，由此底片扫描可以显著提高扫描图像的质量。四是许多具有档案价值的老照片都以底片方式保存，随着时光的流逝或保管不善很容易褪色、霉变，底片扫描有利于及时地抢救这些珍贵的老照片。五是有些行业会形成大量底片档案，如医院的 X 光片，将其扫描成数字图像，有利于对底片档案进行计算机存储、处理和传输。

（二）照片档案数字化方式

扫描仪扫描输入和数码相机翻拍录入是照片档案数字化所采取的两种主要方式。

1. 扫描仪扫描输入

扫描仪扫描输入是照片档案数字化常用的方法，可以采用普通的平板扫描仪，也可以用专用的照片扫描仪。与数码相机翻拍录入相比，扫描仪扫描照片操作简单，适用于各类照片档案的数字化处理。

2. 数码相机翻拍

数码相机翻拍虽然比较快捷，但要配置辅助照明设施，拍摄过程中对变焦、曝光等的调控要求较高，拍摄难度比想象中的大。由于普通数码相机在光学成像过程中会产生像差，因此需要使用中高档数码相机。中高档数码相机镜头一般都配有较大值光圈、变焦镜头、高分辨率CCD等，可以保证高质量的拍摄效果。数码照片翻拍最好采用数码翻拍仪，靠手持数码相机拍摄图像，曝光难以掌握，图像也容易变形。如果翻拍的照片变形，可采用Photoshop等软件进行纠正。

（三）照片档案的储存格式

数字化的照片档案存储格式比较多，如BMP、JPEG格式等。一般情况下，档案部门可选择JPEG格式来存储照片档案，但是这种格式会损失图像信息。所以，对于那些比较重要的、要求高保真度的照片档案就要选择无损方式储存的TIFF格式，这种格式结构灵活和包容性大，易于转换为其他格式。

三、录音档案的数字化

录音档案是以声音为信息表达方式的档案材料，包括纯录音档案和含录音档案。传统档案中，唱片、录音带为纯录音档案，电影胶片、录像带则为含录音档案。录音档案数字化的现实需求强，投入较低，技术实现相对简单，实际效果明显，因此，录音档案数字化应当受到档案部门的高度重视。

（一）录音档案数字化的前期准备

在录音档案数字化前期，首先要制订录音档案数字化方案：选择和配置适用的软硬件系统，确定录音数字化输入的格式、载体；确定录音档案数字化的范围，明确数字化的先后顺序。录音档案能够顺利播放是数字化的前提，因此数字化前期还必须检查录音档案的质量及其完整性。旧磁带可能存在不同程度的黏连、信号强度减弱、磁粉脱落等问题，因此数字化前必须对其进行清洁、修复，以确保数字化的质量。

（二）录音档案数字化的流程

1. 音频采集

第一，用连接线将放音机与计算机相连接。第二，根据声音的质量选择参数，采样频率可选44.1kHz或更低；声音样本的大小可选用16位或更低的；根据原录音带选择声道数，如果是DVD中的声音则选48kHz；此外，还要设定录音质量、时间长度。第三，在放音机放音的同时启动音频制作软件的录音按钮，并通过音频制作软件调节音量大小等参数。

2. 音频编辑

在音频采集之后，可使用音频制作软件对音频文件进行编辑处理，以使其符合数字化的要求，主要包括音量调节、音调调整和噪声处理。

3. 音频存储

处理完成之后，选好存储地址，输入文件名，选择文件类型，将其保存。数字音频文件的保存类型和格式有很多，如WAV格式、MP3格式等。

（三）录音档案数字化的后期工作

数字音频文件形成之后，还必须将录音档案对应的声音内容以文本方式保存在计算机内，以便对其进行全文检索。每份录音档案原则上对应一份文本文件，该文本文件与录音档案拥有相同的文件名，但扩展名不同。

数字化后的音频文件及其对应的文本文件必须通过建立规范化的录音档案目录数据库或专题目录库来实现有效利用。录音档案数据库除包括一般档案数据库设定的著录项目外，还要包括音频文件存储路径、其对应文本文件的存储路径（或文本文件名）、录音地点、声音来源、原录日期、数字化日期、数字化责任人等内容，并通过数据库的地址链接方式将数字化音频文件与其对应的文本文件联系起来。

（四）录音档案数字化的文件格式

1. WAV格式

WAV格式是微软公司的声音文件格式，被Windows平台及其应用程序广泛支持。该格式支持多种音频数字取样频率和声道，标准格式化的WAV文件和CD格式一样，也是44.1kHz的取样频率，16位量化数字，因此声音文件质量和CD相似。其优点是编解码简单,支持无损耗存储;主要缺点是需要较大的音频存储空间。

2. MP3 格式

MP3 是一种音频压缩技术,可大幅度地降低音频数据量。它利用 MPEG Audio Layer3 的技术,将音乐以 1∶10 甚至 1∶12 的压缩率压缩成容量较小的文件,而音频质量没有明显的下降。

3. WMA 格式

WMA 是微软公司的一种音频格式。WMA 格式是以减少数据流量但保持音质的方法达成更高的压缩率目的,生成的文件大小只有 MP3 文件的一半。与 MP3 相同,WMA 也是有损数据压缩的格式,因此在一定程度上会影响声音质量。

4. AAC 格式(MP4 格式)

AAC 所采用的运算法则与 MP3 的运算法则有所不同,AAC 是通过结合其他的功能来提高编码效率。相对于 MP3 格式,AAC 格式的音质更佳、文件更小。但是,AAC 属于有损压缩的格式,相对于 APE 和 FLAC 等时下流行的无损格式,音色饱满度差距比较大。

5. CD 格式

CD 是最传统的非压缩数字音频格式,与标准格式的 WAV 文件一样,均采用44.1kHz 的采样频率和 16 位采样精度。由于未压缩,它的音频具有高保真性。但是这种格式仅用于光盘存储,占用空间较大。

6. DVD-Audio 格式

DVD-Audio(DVD-A)是一个 DVD 碟片上的数字音频存储格式,采用与 CD 一样的非压缩方式,并且充分利用 DVD 碟片记录容量大的特点提高了对音频信号的采样频率和采样精度,其保真度超过 CDO,该格式可附带文字说明或静止画面。

档案部门选择以上格式时应考虑:一是音频的保真度,尽量选用无损压缩的格式;二是支持附带文字说明(如 DVD-Audio 格式),以便于将档案的著录信息直接嵌入音频文件,用于计算机检索。

四、录像档案的数字化

传统的录像档案是以模拟图像和声音符号记录的,集视听于一体的特殊载体档案。该档案容易因磁介质退变、老化造成信号衰减、损失,或因播放设备的淘汰而无法播放。因此,将录像档案由模拟信号转为数字信号已经成为抢救录像档案的当务之急。

（一）录像档案数字化的硬件配置

1. 放像设备

要按照录像档案载体选择不同的放像设备。受到数字设备的冲击，许多传统的放像设备已经退出市场。曾经流行的模拟像带及其播放设备按照制式来分主要有 VHS、Beta 和 8mm 等类型。模拟录像机不仅有制式的不同，而且按照其信号记录方式及保真度的不同而分不同的技术质量等级。不同制式、不同等级、不同品牌的录放设备及其录像带的性能不同，相互之间并不兼容，因此，必须针对所用录像带的类型准备相应的放像设备。

2. 视频采集计算机

计算机配置视频卡才能实现录像档案数字化。视频卡的功能是将录像带保存的模拟信号转换为数字信号，并保存在计算机中。视频卡的质量决定着录像档案数字化工作的质量。市场上的视频卡很多，档次不一，应根据需要合理选用 MPEG-1 或 MPEG-2 卡。由于数字录像档案的数据量很大，对计算机的速度要求很高，电脑 CPU 最好有 3GHz 主频。采集 DV 视频信号数据量大，传输速度要求高，不能用普通 USB2.0 接口传输，建议使用 IEEE1394（又称火线）接口，即视频采集计算机必须带有 IEEE1394 接口，才能有足够的速度将 DV 拍摄的模拟信号无损伤地采集到计算机系统中去。

（二）录像档案数字化的软件配置

各种视频编辑软件，如 Adobe Premiere Pro、Ulead Video Studio 以及 Windows 系统自带视频编辑软件 Windows Movie Maker 等都提供屏幕捕捉功能，能将 DV 录像信号转换成数字信号输入计算机系统。由此，视频采集前须安装视频编辑软件。

（三）录像档案数字化的工作流程

录像档案采集完成输入计算机时，模拟图像信号和模拟音频信号是分离的，各自输入计算机的视频采集部件和音频采集部件，在视频采集软件的统一控制下，由视频采集软件同步采集视频、音频信号，从而获得包含音频的数字视频数据。录像档案数字化工作流程与录音档案数字化工作流程有相似之处，可分为如下阶段。

1. 数字化前期准备

一方面，根据各单位录像档案的实际情况制定录像档案数字化方案，确定录像档案数字化的范围，合理安排数字化工作的先后次序；另一方面，将录像档案从库房中取出，检查录像档案的质量和完整性，并做记录，修复受损的录像档案，以满足数字化工作的需求。

2. 数字化阶段

（1）视频采集

准备好数字化工作所需的软硬件设备，将放像设备与视频采集设备相连接。打开视频编辑软件，设置各种参数，监控计算机上播放的视频质量；预先设定所需生成的视频文件的格式、设置视频文件的各项参数；参数设置后预览视频信号，若不符合要求则进行适当调整，以使视频质量达到最优。此后，便可正式进行视频采集。视频采集不能快进，即如果 DV 录像是 60 分钟，则采集时间也是 60 分钟。

（2）视频编辑

视频采集完成后，要用视频编辑软件对其进行剪辑、编排，并调整视频效果，以使其满足需求。

（3）视频存储

采集完成后形成的视频文件应当按规范命名，形成电子档案管理要求的规范格式，一般采用 AVI 或 MPEG-2 格式，也可采用 WMV、MP4、MOV 等流行格式存储一套复制件。MPEG-1 是曾经流行的视频格式，该格式图像质量差，已经过时，现在一般不采用。视频文件可采用移动硬盘、DVD-R 等脱机载体存储，如果要提供共享查询，则需要将其上传到网络服务器中保存。

3. 数字化后期工作

为了方便用户查找利用数字录像档案，档案部门需要建立数据库。数据库包括两部分，一是数字录像档案目录；二是数字录像档案文件。两部分内容之间需要建立链接，用户可以方便地在数据库中查找所需数字录像档案文件。

五、数字化成果的存储格式选择

对于各类档案数字化后形成的数字化成果，需要正确选择其存储格式，这关系到数字化成果的质量、管理成本、查询利用效率。由于数字化技术的迅速发展，现有格式不断升级，新的格式不断出现，数字化成果的存储格式也不会一成不变。一般在选择长期保存的格式时应综合考虑以下因素。

第一是兼容性强，可以在不同的计算机平台上显示和运行。

第二是保真度高，能在不同的技术环境下保持纸质档案的原始质量和版面。

第三是压缩比高，高效的数据无损压缩，可保证档案数字化成果存储占据容量小，便于高效率地移植、传播和显示。

第四是字体独立，可自带文字、字形、格式、颜色以及独立于设备和分辨率的图形图像，可在各种环境下被准确还原。

第五是可自带元数据，准确记录档案数字化成果的形成、变化过程，以证明档案文件的真实、完整和有效性。

第六是支持多媒体信息，不仅可以包含文字、图形和图像等静态页面信息，还可以包含音频、视频和超文本等动态信息。

六、档案数字化成果的格式转换

在档案数字化成果的管理中，为了维护数字化成果的长期有效性，经常需要将非通用格式转换成相对通用的推荐格式，或为了满足不同播放器播放、不同软件编辑的需要，进行档案文件的格式转换。许多软件都可以对打开的文件用另存方法实现格式转换。但是这种方法只能对文件逐件地转换，效率低，且转换的格式种类比较有限。如何对档案数字化成果进行批量、高效率的格式转换，这是多媒体电子文件管理、编辑中经常需要做的"功课"。当前能批量转换格式的软件比较多，这里推荐一款多功能的电子文件格式转换软件——"格式工厂"。该软件可从网上免费下载，尤其适用于 Windows 操作系统。它具有以下强大的功能：一是支持几乎所有类型的视频、音频、图像、文字类档案文件，包括当前流行的 iPhone/iPad/PSP 等媒体定制格式的转换，可谓文件格式万能转换器；二是转换时可以设置文件输出位置、方式、大小等，还可以修复某些损坏的视频文件；三是转换图片文件时支持文件缩放、旋转、水印等功能；四是能对批量电子文件进行转换，转换速度快；五是具有 DVD 视频抓取功能，能轻松地将 DVD 备份到本地硬盘；六是支持 60 种国家语言。用户只要在界面左侧选择需要转换的文件格式，屏幕立即会弹出选择文件的界面，然后用户可批量选择需要转换的档案文件，该软件即可根据预先设置的各种参数，自动批量进行转换，效率颇高，使用也十分简便。

七、未来档案信息资源多元化利用

（一）档案资源的社会化利用

在信息社会和知识型社会迅速发展的 21 世纪，在档案信息化建设与发展的众多方面，无论是技术手段，还是信息资源的有效积累和广泛利用，都必将以档案信息资源的整合集成、共享、利用作为出发点和落脚点，以传承人类文明，共享信息资源，实现社会的可持续健康发展。

1. 档案资源的知识化积累

档案的形成（鉴定、收集整理与归档）是从个体知识到组织知识，再到社会知识转换的文化积累、动态跟踪的历史记载过程，档案的开发与利用（编研开放、发布与利用）是人类传承文明、创新发展的进步与发展过程。这两个相互衔接、彼此推动的过程循环往复推陈出新，构成了人类社会的知识化动态增长和社会化自适应的档案资源不断丰富的过程模型。这表明了档案文化通过"传—承—积累—发展—传"这样一种类似于文化加工厂的生产工序，随人类自身的繁衍而形成民族文化生生不已、无始无终的传承环链。

2. 档案资源的共享化利用

社会信息化使档案信息资源面临着一个全新的生存环境与发展空间。档案应该记载"人类生活的各个方面"，档案工作者要"创造一个反映普通百姓生活喜好、需求的全新的文献材料世界"，档案馆藏是反映"人类生活的广阔领地"。因此，档案资源唯有回归社会，得到最大限度的利用，才能体现档案保管的价值和作用。事实告诉我们，实现档案信息资源的集成化管理和共享化利用是档案贴近公众、服务社会的最佳解决方案。

要实现档案信息资源的共享化利用，首先必须在档案基础数据库的建设上下功夫。档案基础数据库是建设数字档案馆和开展档案信息化的基础性工作之一，是实现档案信息资源的集成共享、统一管理、高效检索和方便利用的基础信息存储结构，更是国家信息资源数据库建设的重要内容。今天，我们处于信息技术快速发展的知识经济时代，国家、城市综合服务资源库的建设是社会发展的需要，是加强政务公开、实现便民服务的一项基础性工作。我国已经在人口、法人、自然资源与宏观经济四大数据库的建设方面取得较大成效，档案作为人类社会活动的历史记载，档案资源的开发利用和档案基础数据库的建设是国家信息资源建设的重要组成部分。可以说，档案基础数据库的建设已经成为各级各类档案馆面向社会提供档案资源利用服务的基本职能，成为我国整合档案信息资源，弘扬民族文化、提高民族素质的历史性课题，同时也是档案工作者采用现代化手段记录当今社会改革建设、发展的真实过程，支撑社会经济发展的历史性责任和义务，更是政务公开、提高办事效率和促进科学决策的依据。

（二）馆藏档案数字化应用

为适用公众网络化查档和档案信息化管理的多元化需求，馆藏档案数字化和开展档案数字化应用系统的建设已成为现代档案管理的一项重要内容，对档案工作者而言，这也是一项全新的任务，需要在充分认识到馆藏数字化重要性和必要性的基础上，采取有效的策略和方法，开展馆藏档案数字化系统的建设和有效使用。

随着全国各行各业信息化进程的加快，档案馆信息化应用也逐渐走向更广、更深的领域。档案信息服务将不再拘泥于传统的、单一的方式，将会有所创新，趋向多元化发展。

服务方式由被动性向主动性转变。改变传统的被动服务方式，积极主动地开展档案信息服务。长期以来，在档案信息利用上，总是遵循一种传统的服务方式："等客上门"。这实质上与信息社会的发展极不协调，不利于档案信息价值的体现与发挥，封闭了档案信息表现价值的众多途径。而档案信息服务方式也必须考虑到档案的特性，"送货上门"也是不行的。档案信息的主动服务方式应该是"请客入门"。

具体的措施是开展针对档案利用者的利用需求研究，主动地提供档案信息利用。首先要广泛、深入地研究不同方面、不同层次的利用者，进行必要的档案宣传工作；提供多种档案信息利用方式，编制多样化的检索工具，形成一个全功能高效益的检索系统；加强编研工作，编研成果的出版发行及交流，能将档案价值的精华系统全面、集中地向社会公布，向档案信息利用者提供有效捷径；拓展档案信息中介服务机构。

服务手段由传统型向现代化转变。计算机网络技术、数据库技术以及多媒体技术的发展，使得档案信息服务手段发生了巨大的转变。借鉴相关学科数字化发展的研究成果，实现档案管理现代化应借助于数字化综合管理信息系统，把分散于不同载体、不同地理位置的档案信息资源以数字化的形式储存，以基于对象管理的模式管理，以网络化的方式互相连接，从而提供及时利用，实现档案信息资源共享。我国是发展中国家，经济和技术条件的制约决定了档案管理手段转变的长期性，传统的档案馆信息服务技术与服务手段将得到一定程度上的扬弃，将以新的信息传播循环方式提供档案信息服务。

服务内容由单一型向多元化发展。通过网络等信息技术与其他档案馆、信息机构及整个社会信息资源建立起紧密的联系。其信息服务将增加新的内容，诸如档案信息资源网络化组织管理、档案信息资源的网络导航、档案信息的数字化开发与提供利用、档案用户的教育培训等。例如，在档案利用者的教育培训方面，就要在对利用者进行传统档案检索和获取方式培训的基础上，重点帮助利用者学会如何利用数字化的信息资源、如何选择档案信息数据库、如何从网上获取所需的档案信息、如何操作远程通信软件等。档案信息组织方式、检索方式、采集方式，较之其他类型的文献信息来说，具有复杂多样、技术含量高、对利用者信息能力要求高等特点，所以对档案利用者的信息检索能力、信息获取能力、信息筛选能力、信息识别能力的培养是一项档案信息服务的重要内容。

档案资源由封闭性向开放性转变。在网络环境下，档案馆信息服务资源已不再仅仅局限于馆藏档案信息量等指标，而是着眼于档案馆获取档案信息提供档案信息的能力。所以档案馆在充分开发利用本馆馆藏档案信息外，还必须通过网络检索利用其他档案馆馆藏信息和网上信息资源。建立档案信息资源的现代化管理系统，将档案信息纳入计算机网络，从而达到最快捷的信息资源利用效果。通过网络等信息技术实现档案信息价值的最大化，并最终取得档案信息服务于社会的最佳效果。这需要一个过程，从单机操作到建立档案管理信息系统网络连接有关信息机构网站，最终并入国际互联网。

档案资源由单一型向多样型转变。档案馆提供的单一信息服务的资源是以收藏纸质档案为主要内容。在网络环境下，档案馆综合信息服务模式的服务资源则要朝着多种载体形式并存的方向发展，包括各种电子文件光盘、多媒体、缩微载体和声像载体等，尤其要增加数字化馆藏资源的建设。网络环境下的数字档案馆所拥有的完整的馆藏含义应该是"物理实体馆藏+数字化馆藏"。我国档案馆在档案信息数据库建设方面的任务是：在保留传统档案文献的同时，应通过协作与协调，在一定程度上对馆藏资源进行数字化，要注意将各馆价值独特的馆藏文献数字化，制成光盘或上网传播，使各馆上网信息独具特色，并在此基础上形成一个档案信息网络。

第二节 电子文件归档与电子档案移交

档案学理论认为档案是由各种文件材料转化而来的，文件是档案的前身，档案是文件转化的结果。这种观点已为大众所接受，成为一种具有普遍意义的理论。在这一理论下，文件和档案是两种在功能、时间和空间上相对独立，但又有密切联系的社会事务。为此，在电子文件与电子档案的关系上，仍应遵循这一原则，从社会档案价值意识承担、档案学专业的责任承诺和文件价值形态的转变出发，承认文件运动的规律性，同时也认为那些具有长期或永久保存价值的，经过归档而实行档案化管理的电子文件为电子档案。实际上，电子档案就是"归档电子文件"，依然是由电子文件转化而来的。

一、电子文件的特性

顾名思义，电子文件就是"电子"加"文件"。"文件"是电子文件的功能属性，是共性；"电子"是电子文件的技术属性，是特性。了解电子文件的特性对于管好电子文件非常重要。

（一）信息的非人工识读性

信息的非人工识读性表现在两个方面：一是电子文件使用了人们不可直接识读的记录符号——数字式代码，即将输入计算机的任何种类的信息都转换成二进制代码。对于这种经过复杂编码的二进制代码，人工无法直接破译它的含义，只有通过计算机特定的程序解码，使之还原为输入前的状态，才能被人识读。所以，电子文件在给人类带来极大方便的同时，也使其内部实现机制变得越来越复杂。二是电子文件存储在载体上，人们无法直接通过载体阅读，必须通过计算机等设备显现，才能识读。

（二）系统的依赖性

电子文件对系统的依赖性包含两个方面：一是电子文件的形成、流转、归档等全部管理活动都必须借助于计算机系统才能实现。离开计算机系统，人就无法识读和管理电子文件。二是生成文件的软硬件系统一旦更新换代，会造成电子文件的失真、失效，无法还原。

（三）信息与特定记录载体之间的可分离性

电子文件中的信息不再具有固定的物理位置，也不再对特定记录载体"从一而终"，可以根据需要随时改变其存储空间，也可以改变其在硬盘上的存放地址，或在不同存储介质之间转换。信息与载体之间的可分离性使电子文件不再具有物理意义上的"实体"状态，成为人们所形象指称的"非实体文件"或"虚拟文件"。

（四）信息的可变性

造成电子文件信息可变性的情况很多。首先，计算机系统中信息的相对独立性使得对信息的增删更改十分容易，而且修改之后看不出任何改动过的痕迹；其次，电子文件在形成、归档、管理和利用过程中会形成大量的动态文档，而动态文档中的数据不断地被更新或补充，以反映最新情况；最后，存储载体和信息技术的不稳定性，新的信息编码方案、存储格式、系统软件不断出现，对电子文件的稳定性产生了巨大的冲击，新的系统要求将电子文件转换成某种标准格式或新的文件格式，通常会造成电子文件信息的损失、变异。

（五）信息存储的高密度性

电子文件的存储密度大大高于以往各种人工可直接识读的信息存储介质。一张 4.75

英寸 CD 光盘（650—750MB）可存储 3 亿个至 4 亿个汉字或 A4 幅面的文稿图像数千页，DVD 光盘单面单层容量可达 4.7GB，单面单层蓝光盘的存储容量最大可达 25GB，而各种类型的存储卡存储密度则更高，计算机存储载体的海量化正呈加速度发展态势。

（六）多种媒体信息的集成性

电子文件可以将文字、图形、图像、影像、声音等各种信息形式加以有机组合，形成"多媒体文件"。这种文件将文字、图像、声音等媒体融为一体，图文声像并茂地展示，能够更加真实地再现记录的场景，从而强化了档案对社会活动的过程记忆和生动再现功能。

（七）信息的可操作性

电子文件中的信息可以随时根据人们的需要，便捷、灵活地加以编辑、复制、删除，或进行多媒体合成，或按照特定的需要排列组合，或进行压缩和解压，或进行格式和数据结构的转换，或通过各种传播媒体传递给远程用户，显著提升了人对信息资源的管控能力和利用能力。

以上每一个电子文件的特点既是它的优点，也是缺点。管理电子文件的基本思路是扬长避短、趋利避害，用新的管理理念、管理方法和管理技术，将其优势放大再放大，将其劣势缩小再缩小。

二、电子文件归档的含义和特点

电子文件归档是将应归档的电子文件经过整理，确定其档案属性后，从计算机存储器或其网络存储器上拷贝、刻录到可脱机保存的存储载体上并向档案部门移交，或通过网络将电子文件转移存储到由档案部门控制的计算机系统中，以便长期保存的工作过程。归档是文件生命周期上的一个重要环节，是文件和档案的分界线，标志着电子文件管理责任由文件形成部门向档案部门的正式转移。电子文件归档是我国归档制度中的一个重要方面，它除了要遵守传统文件归档的要求外，还要考虑到电子文件的特点。

（一）归档时间前置

纸质文件一般在文件处理完毕之后的第二年完成归档。电子文件因其信息和载体的可分离性，随时面临着被篡改、破坏的风险，因此在归档过程中必须贯彻前端控制和全程管理的原则。电子文件办结后就要及时归档。在设计电子文件管理系统时，要考虑到归档要素和电子文件的真实性、完整性、有效性和安全性保障措施。

（二）归档形式多元互补

电子文件的归档形式分为在线归档和离线归档。电子文件的归档按照鉴定标识进行，各单位可以通过计算机网络进行在线归档，也可以将电子文件存储在脱机载体上进行离线归档。网络条件不符合国家和本市有关保密法律法规规定的单位，其涉密电子文件不能在线归档，只能离线归档。

（三）归档范围扩大

电子文件的特殊性决定了电子文件归档的范围有所扩大。纸质文件的内容、结构、背景信息是固化在纸张上的，而电子文件的三要素有可能是分离的，要保证电子文件的真实性和完整性，必须及时获取电子文件的结构和背景信息，因此，电子文件的背景和结构信息必须被纳入归档范围，形成电子文件的支持和辅助性文件，计算机、操作系统和应用软件的说明性文件也必须列入归档范围之中。此外，归档电子文件不仅局限于文字类文件，还应当包括图像、声音、视频及超媒体文件。

（四）归档实体移交与权责移交的分离

在线归档的出现使电子文件实体移交与权责移交出现了分离。传统文件管理中，文件的管理权是随着文件的归档由文书部门而转移到档案部门的，是实体保管者与信息管理者的统一。而电子文件的实体与其信息的管理权责却是可以分离的。电子文件的在线归档，使档案部门并不一定拥有电子文件实体，但仍可以实现对电子文件的掌控，从侧面反映了电子环境中档案管理的工作重点由实体管理向信息管理的转移。

（五）电子文件归档份数较多

离线归档的电子文件，至少一式三套：一套封存保管（一般称为 A 套）；一套提供利用（一般称为 B 套）；必要时，复制第三套，异地保存（一般称为 C 套）。电子文件在长期保存过程中可能会受到不可抗力因素的影响导致信息变异或失真，出现读取错误，而多套同时出错的概率较低，所以多套保存可以大大提高电子文件的安全性和可靠性。

三、电子文件归档的范围

第一，在本机构行使职能活动、业务管理及行政管理活动过程中形成的，有纸质文件对应的电子文件，参照国家有关归档范围和保管期限规定归档。对于需要保存草稿及过程稿的电子文件，需要按照版本管理的要求添加版本号，并和正本一并归档。

第二，在行使和拓展本机关职能活动过程中，利用信息系统产生的无纸化新型电子文件，如网站、电子邮件、微博、微信等电子文件，也要列入归档范围。

第三，各种数据文件，如数据库、图形库和方法库等。由于数据库是动态的，对于数据文件应定期拷贝，作为一个数据集归档。

第四，为保证电子文件的长期可读性，其支持软件，包括操作系统、应用软件及相关代码库、参数设置等也需要归档。

第五，有助于确保电子文件真实、完整、有效、安全，有关元数据、说明性材料也要归档。

第六，对于必须实行"双套制"保存的电子档案，应归档相同内容的纸质文件，并在有关目录中建立电子文件和纸质文件之间的关联关系。

四、电子文件归档的方式

（一）按照归档电子文件的实际存储位置，可分为物理归档和逻辑归档

1. 物理归档

物理归档是指把电子文件集中下载到可脱机保存的载体上，向档案部门移交的过程。物理归档类似于纸质文件的实体归档，这种方式将电子文件的保管权直接交给档案部门统一存储保管，该保管系统由档案部门统一维护，因此安全性比较高。

2. 逻辑归档

逻辑归档是指在计算机网络上进行，不改变原存储方式和位置而实现的将电子文件的管理权限向档案部门移交的过程。这种方法将电子文件仍然存储在形成文件的业务系统，但是归档文件的著录信息、存储地址及元数据应自动保存到档案部门的数据库中，以便档案部门对其进行控制。逻辑归档虽然不妨碍电子文件的共享利用，但是分散存储会给电子文件带来一定的安全风险，需要档案部门加强安全检查和督促。

（二）按照归档电子文件的移交方式，可分为在线归档和离线归档

1. 在线归档

在线归档是指通过计算机网络，将电子文件及其元数据向档案部门移交的过程。在线归档必须在建立网络的条件下进行，网络的带宽、速度会影响在线归档的实行。一般来

说，文本类电子文件的在线归档没有问题，但是多媒体电子文件的在线归档就要考虑网络带宽是否能承受多媒体文件的容量，或采取避开网络使用高峰时间进行在线归档，否则会严重影响网络信息共享利用。

2. 离线归档

离线归档是指将电子文件及其元数据存储到可脱机存储的载体上向档案部门移交的过程。当电子文件的形成系统没有在线归档功能，或当电子文件形成与归档管理机构没有电子文件和档案管理系统时，可采取离线归档方式。如工程建设的施工单位、建设单位与档案部门没有在线归档的条件，可在工程项目结束后将电子文件拷贝到光盘或硬盘上向档案部门归档移交。

五、电子文件归档的要求

电子文件的归档应以国家和本市有关规定和标准为依据，做到真实、完整和有效，实现档案的价值，便于社会各方利用。除此之外，还应针对电子文件的特性，满足以下要求。

（一）归档范围和保管期限要求

电子文件应准确划分归档范围和保管期限，具有保存价值的照片、音视频文件和公务电子邮件等电子文件也应当列入归档范围；电子文件的正本、定稿、签发稿、处理单、重要电子文件的修改稿和留痕信息应当完整归档。

（二）双套制归档要求

具有永久保存价值或者其他重要价值的电子文件，应当转换为纸质文件或缩微品同时归档。定期保存的电子文件，由电子文件的形成单位根据实际需要决定是否采用异质双套归档。法律法规中规定不适用电子签名的电子文件，归档时应附加有法律效力的纸质签署文件。

（三）载体要求

把带有归档标识的电子文件集中，制成归档数据集，存储至耐久性的载体上。电子文件归档推荐使用的载体，按优先顺序依次为：只读光盘、一次写光盘、磁带、可擦写光盘、硬磁盘等。

(四) 归档载体标签要求

存储电子文件的载体或装具上应贴有标签，标签上应注明载体序号、全宗号、类别号、密级、保管期限、存入日期等，归档后电子文件的载体应设置成禁止写操作的状态。用作电子文件归档或电子档案保存的光盘不能贴标签，该标签必须用特制的光盘标签打印机打印在特制的光盘空白背面上。因为对于高速旋转的光盘来说，贴上标签会造成光盘高速旋转时重力不均和抖动，损坏光盘或光盘驱动器。没有光盘标签打印机的，可用光盘标签专用笔在光盘标签面上手工书写编号。

(五) 真实性要求

电子文件形成部门必须对归档电子文件内容的可靠性、稿本的准确性以及双套文件的一致性加以确认。

(六) 完整性要求

确保归档电子文件和相关文件及元数据齐全，且关联有效。为了保障电子文件的真实、完整、有效，可以将电子文件的办文单打印成纸质文件与电子文件一并归档。

将相应的电子文件机读目录、相关软件、其他说明等一同归档，并附"归档电子文件登记表"。归档电子文件登记表可以制成电子表格，由系统根据归档电子文件的机读目录或著录、标引信息自动填写。归档时应将电子文件及其机读目录、登记表同时移交给档案部门，归档电子文件登记表如果是数字形式的，还应附有纸质打印件。

归档完毕，电子文件形成部门应将存有归档前电子文件的载体保存至少一年。

六、电子文件的组盘

常用的电子文件存储载体是磁盘、磁带、光盘。其中光盘具有存储容量大、运行速度快、存储稳定性较好、只读光盘能防删改等优点。由此，光盘是目前存储电子文件的较佳载体。为了方便管理和查找利用，对于脱机保存的电子文件需要按一定的规则组合到同一张光盘中，简称组盘。由于 DVD 光盘容量大且技术和标准日趋成熟，因此，电子文件的脱机保存应当采用只读的 DVD 光盘，即 DVD-R。

虽然组盘和传统的纸质文件组卷在概念和方法上有很大的区别，但是也应当从保持文件的自然联系和方便管理利用出发，遵循一些基本规则：一是将同一保管期限的文件组合，以便于按不同期限定期拷贝光盘，以延长电子文件的保管寿命。二是将同一密级的文件组合，以便于保密和安全管理。三是将同一部门的文件组合，以便于查找利用和复制。四是将同一档案类别、同一工程项目、同一设备项目的文件尽量存储在同一光盘上，以方便利用。五是按规范著录规则建立盘内文件目录，并将电子文件与相关条目建立链接关系，以便查找目录时立即能调阅相应的电子文件。六是如果盘内有非通用格式的电子文件，应当将相应的运行软件一并存入该盘内，以便电子文件的打开和阅读。

盘内文件的组合也应当采用文件夹管理方式，文件夹的设置规范可根据以上组盘原则由各单位自行设定。现以基建工程档案为例，推荐以下组盘方法。

（一）从工程类电子文件的特点出发将存储标准规定为三种格式

A 类：采用形成时的原始文件格式，以保留所有形成信息，满足档案原始性要求，并便于技术改造中图纸的修改，规定为 DWG、RTF、XLS 格式。

B 类：采用转换格式，用于查询浏览和打印输出，确保能被准确地还原成纸质文件，并便于在线检索，规定为 PDF、TIFF 格式。

C 类：将非常用软硬件环境下形成的文件转换成中间文件格式，当需要时可将其转换成各种需要的文件格式，规定为 DXF、TXT 格式。

为了满足不同的需要，归档时一般同时采用两种格式，即 B 类+A 类文件或 B 类+C 类文件。

（二）每张光盘内文件夹的存储方法

第一，在根目录下存储一个说明文件，如起名为 README. TXT，用于说明该光盘的基本信息，如光盘编号、工程名称、制作单位、归档部门、制作时间等。

第二，在根目录下存储一个辅读信息文件，如起名为 ASSIST. TXT，用于列出读取光盘内各种格式电子文件的环境信息，如光盘使用的硬件型号、软件名称、版本等。

第三，在根目录下存储一个目录文件，如起名为 CATALOG. XLS，用于存储光盘内电子文件目录信息，该目录须采用档案著录规则，其中每个条目最好都与盘内相关的文件建立链接关系。由于该目录采用 Excel 制作，因此用该目录就能独立实现盘内文件的查找。

第四，设置"数据 1"子目录，用于存储与上述目录相对应的 B 类文件。

第五，设置"数据 2"子目录，用于存储与上述目录相对应的 A 类和 C 类文件。

第六，设置"其他"子目录，用于存储相关字库、符号库、数据字典、系统运行软件等能保证盘内电子文件准确还原的各种辅助文件或说明文件。

(三) 制定电子文件归档和电子档案管理的制度规范

首先，要求电子文件形成机构保证移交的电子文件是完整的、真实的、有效的；保证两种格式电子文件与相应纸质文件内容、版式是一致的；档案部门接收后保证在保管期间不失真等。其次，由于只读光盘具有不可更改、不可重写和不可擦除的特性，因此选用只读光盘作为电子文件交换的载体，要求形成机构将两种格式的电子文件刻录到只读光盘上移交给档案部门，光盘背面特制清晰的、不易被擦除的光盘标记及责任人手写签名。形成机构还须打印归档电子文件清单，由交接双方验收签字后各持一份作为归档电子文件的交接凭证。

七、电子文件的规范命名

电子文件制作完毕后需要对保存的稿本命名，以便今后查询利用。

电子文件名通常由"主名"+".扩展名"所组成。其中扩展名代表了电子文件的类型，通常由计算机自动产生。规范电子文件的主名是规范电子文件管理的重要基础工作，随意命名会给管理造成麻烦，甚至混乱。

第一，是唯一。如果有两个电子文件重名，在数据库调用该文件时就会发生混乱。因此，在同一文件夹中的电子文件不允许重名。如果重名，则后存盘的电子文件会将前存盘的电子文件覆盖。

第二，是直观。直观的命名能够简要地概括文件的内容，是查找文件的重要线索，也便于利用，电子文件命名应当实行"实名制"，即将文件的重要著录项直接写入主名中。

第三，是简洁。命名要简洁明了，不宜过长，过长难以辨认，且计算机软件会自动拒绝。另外，命名中不能夹带某些特殊符号，如半角的"\""/""<"">""?"等。

第四，是参照。采用"双套制"归档模式的，电子文件命名要便于与同样内容的纸质文件建立相互参照关系。

八、电子档案的移交

归档后，电子文件按有关规定移交至档案室等档案保管部门，作为电子档案进行集中保管，这是归档的最后实施环节。

(一) 移交时间

电子文件的在线归档和离线归档，一般是在年度或文件所针对的任务完成后，或一个阶段之后的一段时间内进行归档移交，具体可视情况而言。如管理性文件可按照内容特点确定一个归档期限；技术文件、科研项目文件等则可在项目完成后归档移交。因涉及电子文件的技术环境条件、存储载体质量、寿命等问题，一般以不超过 3 个月为宜。

（二）移交的基本要求

第一，元数据应当与电子档案一起移交，一般采用基于 XML 的封装方式组织归档数据结构；第二，电子档案的移交格式按照国家有关规定执行；第三，电子档案有相应纸质、缩微制品等载体的，应当在元数据中著录相关信息；第四，采用技术手段加密的电子档案应当解密后移交，压缩的电子档案应当解压后移交，特殊格式的电子档案应当与其读取平台一起移交。

（三）移交检验

在接收电子档案之前，均应对电子档案及其技术环境进行检验，合格率达到 100% 时方可进行交接。

检验项目主要有：载体有无划痕，是否清洁；有无病毒；核实电子档案的真实性、完整性、有效性及审核手续；核实登记表、软件、说明材料等是否齐全；对特殊格式的电子档案，应核实其相关的软件、版本、操作手册等是否可用和完整。

检验结果分别由移交单位、接收单位填入《电子档案移交、接收检验登记表》的相应栏目。

档案保管部门应按照要求及检验项目对电子档案逐一验收。对检验不合格的，应退回形成部门重新制作整理后再次移交。

（四）移交方式

电子档案的移交可采用离线或在线方式进行。

离线移交归档电子文件应当满足下列基本要求：移交单位一般采用光盘移交电子档案，光盘应符合移交要求；移交单位应当按照有关要求进行光盘数据刻录及检测；存储电子档案的载体和载体盒上应当分别标注反映其内容的标签。

在线移交电子档案的单位应当通过与密级和管理要求相匹配的网络系统传输符合要求的电子档案及其元数据。

（五）移交手续

档案保管部门验收合格，完成"归档电子档案移交、接收检验登记表"的填写、签署环节。登记表一式两份，一份交电子档案形成机构，一份由档案保管部门保存。在已联网的情况下，电子档案的移交和接收工作可在网络上进行，但仍须履行相应的手续。

第三章 档案信息数据库的构建与设计

第一节 档案信息数据库构建的理论依据

一、数据库的信息管理理论

所谓信息管理是为实现组织的目标,满足组织的需求,解决组织的环境问题。而对信息资源进行开发、规划、控制、集成、利用的一种管理,在这个基本点上学术界已达成了共识。

信息管理经历了文献管理、计算机管理、信息资源管理、竞争性情报管理,进而演进到知识管理。从管理对象来看,信息管理的对象是显性知识。显性知识是一种易于表达、识别、编码、传递的知识,显性知识管理正是档案管理的重点。档案管理的对象主要是原始的数据、信息和知识的记录,所以,档案是显性知识的主要载体,可以为实施知识管理提供丰富的信息资源基础。从这个角度来看,档案管理的基本职能就是信息管理。显性知识的管理是档案管理的基础性工作,直接影响着知识库的建立及知识的共享、交流和创新,其重要性不容忽视。因此,档案管理的第一步必须做好信息管理工作,把原来存在的那些数据整合起来,以达到能够适时、不受地域和组织形式限制获得知识的目标。从目标和功能来看,信息管理的基本目标是用一定的技术手段和编码形式客观地记录与描述人们对客观事物的认识,实现信息的合理配置,以便在需要时发挥作用,满足人类对信息的需求,侧重于对现有信息的收集、整理,把数据信息化,即先有数据,后有信息。从实施过程和条件来看,信息资源管理是沿着"集成信息技术—信息高速公路—因特网"的轨迹发展的,它不可避免地带有浓厚的技术色彩,因而信息管理主要是一种技术手段,它以管理理论、信息技术为支撑。从业务上看,信息管理主要是信息的组织、控制与利用的过程,是根据规范和指令对信息加以处理。相对来说,信息管理的收集、加工、检索和传播等组织与控制技术已较为成熟,而其利用环节尚未充分开发与实施。

二、数据库的知识管理理论

（一）知识管理与信息管理

如果说信息管理使数据转化为信息，并使信息为组织设定的目标服务，那么知识管理则使信息转化为知识，并用知识来提高特定组织的应变能力和创新能力。知识管理是信息管理发展的新阶段，它同信息管理以往各阶段不一样，要求把信息与信息、信息与活动、信息与人整合起来，在人际交流的互动过程中，通过信息与知识的共享，运用群体的智慧进行创新，以赢得竞争优势。信息管理目前主要是信息流的控制，知识管理则是知识应用的管理。对于信息管理而言似乎技术能解决所有问题，而知识管理更考虑了人力资源和过程的主动性。从管理对象来看，知识管理远远大于信息管理。知识管理的对象不只是显性知识，还包括对隐性知识的管理，对人力资源的管理等，更注重对隐性知识和人员的管理。从目标与功能来看，知识管理的最终目标是知识创新，不是吸收和占有多少知识，是促进组织机构运用已有知识进行创新并创造新知识，解决经营决策问题，更侧重于对新知识的生产、创造，具有较强的方向性和效用性，是把信息转化为知识创新，也是所有知识管理者追求的直接目标，管理创新是实现知识的转换和社会财富转化的过程。从实施过程和条件来看，知识管理要复杂得多，涉及价值观问题等，因而不仅需要以管理理论、信息技术为支撑，还需要价值理论、产权理论、交流理论、学习理论等来共同构建。从业务上看，知识管理业务涉及发现知识、交流知识与信息、应用知识与创新，其中包括信息管理编程、激励过程、权利维护过程等。可见，知识管理不是信息管理的简单延伸和发展，而是对信息管理的一种变革和超越。

（二）知识管理与档案管理

知识管理的重点是对组织中的战略性资源——知识的管理，而一个共同、永久保存组织自身知识的形式便是文档。适时地、不受地域和组织形式的限制获得基于文档内容的知识，正是知识管理的一个主要目标。因此，一方面文档管理构成知识管理的一个模块；另一方面文档管理技术是处理显性知识的关键技术，是知识管理的重要基础。在知识收集过程中，文档管理是基础。这里所说的文档包括国际标准准则、法律法规、合作协议、历史归档文件、通报、应急预案等多种类型。

知识管理与档案管理都是对人类认识过程中所产生的各类知识信息的创造、获取、加工、存储、传递和利用的过程。这就是对信息资源的深层次加工过程，都要了解信息资源管理的主要内容，不仅要从外在的物质形态特征加以掌握和了解，更要从内在的内容特征加以掌握和了解。此外，知识管理与档案管理这两种加工过程，都与现代信息技术紧密结合在一起。知识的组织和管理技术体系是一个多层次、多模块的复杂信息技术流程，在技术操作上已经开发出许多智能技术和软件技术，如数据仓库、群件技术、推送技术、多维度分析技术、知识挖掘技术、知识发现技术、数据融合技术、文档处理技术等，广泛应用这些技术进行知识的组织和积累，可以大大提高知识组织和管理的效率。在档案信息管理中，电子文件实行前端控制和全程管理，对电子文件实施全过程的监控和管理，都需要一定的信息技术和计算机技术。

知识管理和档案管理就其功能本质而言，都是通过提供有价值的信息为组织服务，为社会服务。档案管理工作是通过对档案信息的有序化，为利用者提供所需要的相关信息、知识以解决问题、支持决策，从而使组织的价值实现最大化的管理活动。知识管理的目的则是通过对知识的识别、获取、开发等基础活动实现知识的更新和有效利用，从而提高个人或组织创造价值的能力。因此，两者在终极目标的实现过程中表现出了同向性。

三、数据库的共享协同理论

信息共享就是要解决相关部门在履行职能的时候，能在需要信息的时候，尽快地获得该信息，从而满足其信息共享。

业务协同有两个基本含义：第一个是业务协同一定是跨部门，而不是部门内的；第二个是处理别的部门的信息和业务能像自己部门一样方便地得到或处理。实际上，无论是信息共享和业务协同，没有网络平台环境，信息共享和业务协同也在做，就是效率差一点、速度慢一点、程度浅一点。但是在当前数字化、网络化环境下，档案信息共享和业务协同要充分发挥网络平台的作用，让其效益最大化。

信息共享和业务协同的主要内容有以下几点：

（一）信息是基础

对于信息共享、业务协同来说，全面的、系统的、高质量的、可共享的信息是基础。信息无处不在。为什么说信息是基础，信息共享就是要解决信息是什么、从哪里来、到哪里去。没有这个基础是什么都办不了的。

首先是全面。信息往往涉及多个部门、多个层级，因此管理者要通过重点应用带动，加强基础信息工作，进而提高信息的完整性。

其次信息全面还不够，还要是高质量的，要保证信息是动态更新、准确的。如果不是及时更新的、不准确的,就没法用。

最后还有一个约定条件是可共享的,就是我们要有目录体系和交换体系。否则,即使有了信息,也不能界定谁能用谁不能用,所以还要通过目录体系和交换体系来解决可共享的问题。

(二)平台是依托

信息怎么得到?为什么说传统方式不能做到,只能借助网络平台?因为共享的信息数量很大,交换的数据量已经过亿,如果还是手工方式,这种效率是不能容忍的。

在数字化、网络化环境下,信息共享、业务协同必须要有技术平台。这个平台不仅仅是网络,而且在网络上,相关部门不管是横向的还是纵向的,都能按照业务需求,像在同一个部门一样,获取相关信息来办理相关的业务。因此,目录体系和交换体系具有双重性质:一是内容性质,它反映了档案信息和共享信息的本身;二是技术性质,要通过软件来实现。实现的软件也变成了技术平台,这就是依托。

除了技术平台之外,还要有标准。对信息共享、业务协同真正重要的标准是关于指标的标准,例如一个人的逻辑库有两个基本条件:一是人的基本信息,二是全部与他相关的指标。这些指标不是罗列出来,而是要指向一个系统,必须要有指标和指针,否则,共享就无从谈起。被指向的具体部门的库,也要解决两个问题:一是本部门的系统,相关信息必须完整;二是本部门产生的信息要和别的部门产生的类似信息比对。所以,对相同的指标要有动态核对机制,否则无法保证共享的信息是否准确,通过平台辅助更新、对比,这些用手工方式是无法做到的。随着技术和应用的发展,对平台会有更高更新的要求。

(三)应用是抓手

不管是工作走在前面的,还是准备要做的,工作的重点一定是具体应用。经济效益、社会效益和生态效益都是优先考虑因素,档案管理与信息统计工作也是如此。因此,这是管理者推动档案信息共享和业务协同的重点工作。

(四)制度是保障

因为档案信息的特点,特别是数字化后的档案信息,具有看不到摸不着的特性。在处理业务协同问题时,管理者面对的情况很多是以前没有遇到的。制度保障的重要性在此时是很难持续发展的。从应用到维护和管理都需要制度保障,同时各个部门需要制定制度协同推进。

第二节　档案信息数据库的总体架构和主要功能

一、档案信息数据库性能指标分析

用户的需求不仅是数据库架构设计的基础，也是制定数据库的性能指标的依据。性能指标体现了档案信息数据库设计的总体原则，也是确保用户需求和数据库功能无缝对接的前提条件。档案信息数据库由多主体协同参与建设和管理，目的是通过对异构信息和系统的动态集成，面向用户提供交互式信息共享，以及一站式检索、获取服务。

二、档案信息数据库架构设计

（一）用户需求分析

需求分析是整个档案信息数据库建设的基础，这一阶段的主要任务是通过了解和明确用户的需求，包括用户需要数据库中存储哪些信息和需要数据库提供哪些功能等。对于数据库设计人员而言，一方面要了解档案部门的管理需求及其业务流程；另一方面要明确使用档案资源的用户信息需求，在此基础上构建数据库的整体结构，并且将整体结构反馈给用户，进一步沟通和修改，如此反复直到数据库的整体结构设计能够解决用户的真实需求，得到用户的认可，才能继续进行下一步的设计和实施。了解用户需求的方法主要有：跟班作业、座谈会、专人介绍、调查问卷等，这些都是促进数据库设计人员熟悉业务流程、理解用户真实需求的有效方式。

档案信息数据库的使用者主要有三种类型：档案管理人员、查档用户和系统管理员。其中系统管理员主要负责的是档案信息数据库的维护，该需求及其对应的数据库功能设计与一般数据库类似。

档案管理人员主要负责的是档案资源的管理，包括整理、标引、录入、存储、修改、调档提供利用服务等工作职责。在档案馆建立的馆藏数据库中，这些都是基本的功能设计。

查档用户是档案资源的使用者，这类用户对档案资源的要求以全面、方便、翔实为主。全面是对档案资源的要求，即档案信息数据库中的资源能够系统而详尽地反映社会重大事件的前因后果、来龙去脉，除了档案文件，还可以包括新闻、社会评价等。

（二）基于协同的整体架构设计

从用户需求来看，档案信息数据库需要具有一系列功能模块，才能准确实现用户需求的满足。根据用户类型及其需求特点的不同，档案信息数据库功能模块设计分为三类：一是满足系统维护人员的需求，如系统、软件、数据的正确性维护、差错性修改及兼容性扩展等功能；二是满足档案管理人员的资源建设需求，如档案资源的采集、标引、存储等功能；三是满足查档用户档案信息检索、获取及咨询、反馈等交互门户服务功能。此外，由于档案信息数据库涉及数据和系统的异构分布集成，需要多主体共同参与管理、维护，因此需要具有让多主体实时分布协同互操作的功能。

可见，档案信息数据库在宏观上主要需要实现档案信息的采集、标引、协同管理、提供档案服务和实现用户反馈这五个功能。

需要注意的是，资源数据库系统和服务平台之间并不是相互独立的平行关系，它们之间是由档案信息数据库协同管理系统紧密联系而形成一个有机系统。因而，在下文论述档案信息数据库建设系统和功能模块设计时，一般基于档案信息数据库这个系统的整体性来考虑，围绕用户需求来设计这个系统所要具备的功能特点。

三、档案信息数据库的功能模块分析及具体设计

（一）档案信息采集

信息资源的采集是档案信息数据库建设的基础，也是数据库能够提供档案服务的核心所在。信息资源采集模块的主要作用就是将所有与本专题相关的信息资源收集、整合，作为数据库的内容基础为后续工作服务。档案信息数据库的信息来源一般有四个，分别是既有档案数据库、纸质档案数字化、Web 收集和信息征集。

既有档案数据库是档案信息数据库最重要的数据来源，它包含了大量结构化的数字档案资源和各种专题性内容，对于这部分信息的收集主要是通过技术手段将其一次性或分期导入档案信息数据库中，如此能节省不少录入的人力、物力消耗。

纸质档案数字化主要针对的是没有录入原有档案数据库中的档案信息。这又分为两种情况：一是新增加的档案，暂时还没来得及录入；二是该档案的保存单位没有进行档案的数字化管理，所有的档案都是以纸质形式保存的。无论是哪种情况，这种类型的信息首先要经过数字化处理，处理方式可以是人工录入，也可以是通过扫描或拍照将正本档案数字化。不同的是，人工录入时，录入格式可以直接根据数据库的标准进行，扫描和拍照得到

的图片信息需要进行进一步的标引。

Web 收集则是对网络中新更新的信息进行收集的活动，包括互联网的原档案数据库更新的内容，以及与某些专题相关的电子文件、新闻动态、专家观点，乃至用户言论等方面的内容。信息来源的网站可以是其他各种数据库、专业的新闻网站、各大门户网站、社交网站、社会化问答网站等。这种类型的信息可以通过"网络爬虫"进行自动采集，采集到的信息再通过自动和半自动的方式进行标引，最终存入专题型资源档案库。

信息征集是信息采集过程中常用的方法之一，主要针对的是信息资源比较缺乏或信息资源内容需要补充时使用。信息征集法根据其征集的内容可以分为图书资料征集、档案征集和意见征集，根据征集资源形态可以分为纸本档案征集和数字档案征集。纸本或数字形态的图书资料征集和档案征集都属于信息资源补充征集，包括登门征集、信函征集、发文征集、电话征集、广告征集和网络征集六种形式。在进行信息征集时，又可以根据需要选择是否给予信息提供者一定的报酬。就当前的信息环境而言，网络征集具有覆盖面广、及时性高、方便快捷等特点，是信息征集中最有效的方法。征集到的信息需要进行人工审核，考证其适切性、真实性和可信度，进而决定是否将其存入档案信息数据库。对于适切性、真实性和可信度达到要求的纸本档案，可以经数字化途径后再进入档案信息数据库。

（二）信息标引模块

信息标引就是对信息的描述，即完成对数据的元数据著录，目的是实现信息资源的组织和检索。专题性档案资源是由多个信源相关信息的集成，资源内容建设既来源于图书馆、档案馆、博物馆等领域机构，也来源于万维网的数字信息。这些不同领域机构形成的不同类型和格式的信息资源，其原有的著录标准和工具是不一样的，对资源之间关联的揭示程度也各不相同。如此，难以实现信息和服务的标准集成。毕竟图书情报领域的著录标准和规范不能完全适用于档案领域。

EAD（编码档案著录）技术正是在这种需求背景下产生的。EAD 以 XML 作为编码语言，由档案工作者参与制定，定义了检索工具结构化元素和相互关系，非常合适档案工作者编制检索工具，是真正属于档案工作者的编码标准。通过一套标准规则来描述档案的特征信息，以使这些信息不再依赖于某些特定系统或平台就能被查询、检索、显示和交换。基于标准通用置标语言 SGML 的 EAD 具有很强的检索功能，并且不依赖任何硬件和软件平台，就能实现多种级别的标示符著录、变更和转化，因而对万维网有良好的适应性和灵活性，可以适用于多种类型的馆藏。EAD 的这些特点能够很好地甄别、管理、利用档案库中的馆藏档案，且能够促进多种检索工具之间的交换与互操作性，因而获得广泛的应用，尤其是针对图书馆、博物馆与档案馆等信息融合服务等业务方面，具有得天独厚的优势。由此，EAD的这些特点十分符合档案信息数据库的建设和使用特点，是数据库信息标注的不二选择。

　　档案信息数据库的信息标引主要可以通过三种方式进行：程序辅助转化、人工著录、自动和半自动标引，对于不同的信息源类型，可以采用不同的标引方式。

　　数字档案信息是已经进行了标准化的信息，可以通过程序批量转化为档案信息数据库所需要的EAD著录格式，而新增的纸本档案由于尚未通过数字化转化，需要人工进行著录。部分Web信息由于其重要性和官方性，如政府机构或企业官网发布的重要通知，也需要人工进行标引或人工对自动标引的结果进行审核，以保证著录结果的正确性。对于大部分的Web信息来说，自动标引是主要标引方式，一方面，现在的Web信息大都是通过网页展示的，HTML和XML本身就有着标准的格式，因此实现Web信息的自动标引是很容易的；另一方面，Web信息是档案信息数据库所有信息来源中更新最频繁的，通过自动标引可以节约大量的人力资源、提高标引效率，从而提高数据库的运行效率，实现档案信息数据库建设的价值。

（三）信息存储模块

　　将标引完成的档案信息资源存入数据库是数据库运行和提供服务的基础。有很多信息存储相关的技术，如网络存储、分布式存储、云存储等。分布式存储和云存储虽然能更好地利用空间资源，但与档案资源的保管要求不符，尤其是安全性一直受到质疑的云存储。信息存储模块的设计，不仅要考虑到档案信息数据库功能的实现和性能的优化，也应考虑到档案信息数据库设计的安全性和保密性原则。因此，选择档案信息数据库的信息存储方式应该根据具体的用户需求和数据库运行环境而定，而不是追求最新最好的技术。网络存储技术，包括网络附加存储（NAS）和存储区域网络（SAN），在档案信息数据库中都有着很好的应用前景。

　　除了存储技术之外，数据的存储结构也是需要注意的重要内容。在数据库的物理设计中，数据存储的基本原则是将易变数据和稳定数据分开存放，将存取频率较高的部分和存取频率较低的部分分开存放，因而在数据库的存储设计中也需要遵循相同的原则。这样做的目的是在数据的存取时间、空间利用率和维护代价三者之间寻求平衡，以达到相对最佳的系统性能。依照该原则，可以进行如下存储设计：

　　第一，数据库的数据备份、日志文件备份等由于只在故障恢复时使用，数据量很大，可以单独存放。

第二，在存储时将资源分别存储在不同的磁盘上，查询时物理上的输入/输出的读写效率就可以增加，这是由于磁盘驱动器处于并行工作状态。

第三，可以将比较大的数据表分别放在两个磁盘上，这样存取速度会快很多，另外，多用户环境下这一方法同样有用。

第四，可以将不同来源的档案信息资源分别存储，这么做主要有两点考虑：其一，来源的信息更新频率是不同的，以 Web 信息更新频率为最高；其二，来源的信息格式各不相同，同种类型信息统一存储，可以通过中间件技术便捷地进行整合，在用户进行分类浏览时也可以提高存取效率，减少系统开销。

（四）信息服务模块

1. 一站式检索服务

档案信息数据库的信息服务最主要是为用户提供一站式检索，根据用户的检索条件限制返回符合条件的检索记录，并提供该记录的相关信息、全文地址或下载链接。在信息采集模块中有四种信息来源，不同类型的信息来源之间，同种类型的不同来源主体，都会造成专题档案信息的异构性，消除这种异构性，提供统一的接口是档案信息数据库提供一站式检索服务首先要解决的问题。

中间件的概念是人们为了解决分布异构问题而提出的，是解决信息异构、实现信息资源整合，实现门户平台服务集成的技术基础。中间件是独立于硬件系统或数据库企业的一类软件或服务，处于应用软件和系统软件之间，它对于分布式应用起到了一个标准的平台作用，可以集成应用系统，而这些应用软件的开发和运行则不必依赖于具体的计算机硬件和操作系统平台。门户服务平台是信息服务的集成，能为用户提供统一标准的信息资源和服务。因此，在门户服务平台接口所对接的是统一标准格式的信息资源和应用系统。换言之，门户服务平台与资源管理系统之间，应该基于中间件构建一个统一标准的接口，以实现用户一站式获取同一标准的档案信息服务。

中间件作为一个承上启下的存在，通过中间件技术，整合了异构化的各种信息资源，实现了数据库各个子库之间的相互连接，达到了资源整合的目的。在此基础上，中间件还支持标准的协议和标准的接口，标准接口对于可移植性非常重要，标准协议对于互操作性也是如此。这两方面使得中间件成为标准化工作的主要部分，在档案信息数据库建设中有着不可替代的作用。在这样的档案信息数据库结构模型中，中间件为档案信息检索服务和协同管理这两大应用功能的开发提供了一个较稳定的高层应用环境的接口。因此，不管数据库的各个子库在运行过程中如何更新换代或是调整完善，面向用户和管理人员的应用软件都很少需要变更，只有少数情况下对中间件进行升级和更新，在这个过程中，只要能够维持中间件对外的接口定义不变，就可以维持原检索功能和协同管理功能，避免投资浪费。

2. 具体功能介绍

档案信息检索是数据库向用户提供服务、实现自身价值的途径，从检索特点上又分为基本检索和高级检索；用户交互功能主要是解决用户不能通过数据库解决的问题和在数据库使用过程中产生的问题，主要采取的方式是咨询、常见问题（FAQ）和用户反馈。

（1）基本检索功能

本功能涵盖分类浏览和简单检索两种功能，无论是浏览还是检索，都应该提供多种检索字段，如关键词、资源类型、时间、来源、馆藏地、馆藏编号等。这些字段不仅是检索中使用，在检索结果的提炼和筛选中也同样发挥着重要作用。

（2）高级检索功能

高级检索功能主要是面向专业研究人员而设计。该功能可分为两个部分：一是设计高级检索语言的检索入口，更好地保证专业人员对信息的查全率和查准率，提高其工作效率；二是定题跟踪功能的实现，即将符合用户制定的主题或检索式的新更新的信息推送给用户的一种服务模式。

在用户实施检索后，档案信息数据库将符合用户检索条件的记录，都以检索结果页面的形式反馈给用户。检索结果页面不仅提供满足条件的记录及记录的各项信息，如时间、来源、馆藏地等，还可以根据各字段对检索结果进行提炼，并且将全文地址或下载链接提供给用户。

（3）咨询服务

档案信息数据库的咨询服务主要是指导和帮助用户完成检索任务。咨询服务的实现途径，可以是向用户提供咨询电话、在相应的档案馆或博物馆设立人工咨询的服务台，也可以是在系统中增加在线咨询服务。在线服务能够较好地提供不受时空限制的交互功能，用户可以通过数据库提供的嵌入式聊天功能直接向工作人员提问，进行交流，最终解决问题。

（4）常见问题（FAQ）

常见问题是各个网站和系统中常用的疑问解答方式。档案信息数据库协同管理组可以将用户经常询问的问题整理出来提供解决方案，制成图文并茂的指南，并辅以文档检索功能，以帮助用户自主解决数据库使用过程中遇到的问题。同时，数据库门户协同管理组还应根据用户的咨询内容不断地补充与更新常见问题库，保证其有效性。

（5）用户信息反馈

用户信息的反馈是数据库不断优化的重要依据，主要包括对档案信息数据库本身的意见和对数据库内容的意见两方面的内容。通过用户信息的反馈，档案信息数据库才能在内容资源和数据库本身的设计使用上不断地完善。同时，反馈功能还可以作为向广大用户征集信息的途径，充实和拓展数据库的内容。

除此之外，在信息服务模块中，用户与数据库的交互设计——数据库界面设计，也是非常重要的部分。在进行数据库界面和行为设计时应该尽量与用户在长期使用电脑、网络、数据库中形成的语言和行为习惯一致，如在高级语言检索设计时直接遵循公认的逻辑运算方式而不是特立独行、重新构建检索逻辑，使得系统具有良好的界面友好性和易用性。

（五）资源维护模块

资源维护模块在数据库正式投入使用后才开始发挥作用，是一个长期的工作任务，包括对数据库设计进行评价、调整、修改等方面。维护模块的重要性和必要性主要是由两方面因素决定的：一是数据库的应用环境在不断变化，如用户需求和物理环境发生改变；二是数据库在运行过程中，其物理存储会不断地变化，会需要通过重新安排存储位置、回收垃圾等手段对数据库进行优化，提高系统性能。类比于数据库的维护，涉及的主体应该是数据库管理员，其职责主要是对档案信息数据库进行经常性的维护工作，包括数据库数据的转储和恢复，数据库的安全性和完整性控制，数据库的监督、分析和改进，以及数据库的重组织和重构造等。

（六）协同管理模块

协同的对象一般是两个或者多个资源或主体，资源或者主体共同完成某一目标的过程或能力称为协同。协同的实质是消除资源（包括人力、资金、设备、信息、规范）之间的各种壁垒和边界，重新规范其共同目标，然后充分发挥以上资源的作用以实现这一共同目标。档案信息数据库建设是一个多主体参与，通过信息技术使与某一特定主题关联的异构分布档案信息资源重新序化、组织，形成一个标准化的虚拟集合，为用户提供交互式集成服务的过程。在这个过程中，要实现上述目标和功能，档案信息数据库就要具有多主体协同互操作性的特点。在档案信息数据库中，所谓协同管理就是指该专题档案所涉及的各种主体对档案信息数据库的共同管理，包括采集、标引、存储和维护，都要实现异地协同互操作性，而这有必须要从技术和管理两方面着手。

从技术角度上说，目前已经形成很多成熟的协同软件，协同软件是现代信息技术发展到一定阶段的产物，通过现代网络技术和通信技术，提高组织和机构人员进行跨地区的沟通与管理能力。协同软件围绕"人、信息、流程、应用"这几个要素，主要包括人员协同、知识协同、应用软件协同和工作流程协同四个部分，从而建立一个综合的沟通平台、团队协作的环境，以及应用整合和支持平台。协同技术有着完善的框架，通过这些技术作为支撑，使得档案信息数据库所涉及的各个主体能够实时地、并发地、跨区域地、协调地对数据库的资源和系统进行操作，最终实现档案信息数据库的协同管理。

从管理角度上说，档案信息数据库与数据库、信息系统一样，都有着"三分靠技术，七分靠管理"的特点。各个档案馆、图书馆、博物馆等可以通过设置专门的部门或者增加一部分工作人员的职责的方式参与到档案信息数据库的管理中。各部门的协同管理不是在数据库运行之后才开始，而应该随着数据库的构想和设计产生。质量控制是各部门在档案信息数据库建设和使用中的主要职责之一，主要分为前期、中期和后期三个阶段的质量控制：前期质量控制主要是"专题"选择和整体方案设计；中期质量控制主要是对档案信息数据库建设具体实施的方案的控制，包括内容编排、著录和人员安排等；后期质量控制主要是对档案信息数据库运行的监督、反馈、安全管理等。

在档案信息数据库协同管理过程中，不同的管理主体在进行管理操作时，要经过权限验证和并发控制，这十分有必要。在档案信息数据库的管理中，单一主体的管理中上下级之间本身在管理权限上就是有区别的，尤其是在多主体的协同管理中，这种区别变得更多、更复杂，在同一主体内和不同主体间都存在权限区别。因此，为了让管理更加有序化，档案信息数据库应该对管理人员的权限进行统一分配。权限级别按照业务部门—分主管部门—高级主管部门依次递增，如业务部门只能访问、更新与本部门职责相关的信息并进行相应操作，而高级主管部门可以访问所有信息。权限的设置对带有密级的档案信息管理尤为重要。

档案信息数据库协同管理的主要目的是实现了各个管理主体间的异地、同步、实时操作。在多主体管理的模式中，并发操作和冲突是难以避免的，这是由于档案信息数据库的各管理主体在空间上是分散的，但在职责上很多是重合的，所以两个或多个工作人员同时对一组数据进行访问和操作是很有可能发生的。

四、档案信息数据库的功能

（一）信息检索功能

无论早期开发的文摘索引库还是当前发展较快的全文数据库，人们对信息检索功能研究历史较长，构成该功能的软件模块技术已相对稳定和成熟，内容主要包括信息检索、结果显示及下载。在信息检索方面一般数据库都提供基本检索（或称为简单检索、快捷检索等）和高级检索（或称专业检索、复杂检索等）功能，并通过二次检索进一步缩小检索目标，获得更准确的结果。同时，支持逻辑运算、模糊（精确、前方一致）检索，提供规范化词表和索引浏览等检索方式。在检索结果的显示方面，除对命中文献提供文献题名、作者、出处、文摘或全文内容外，许多数据库还增加了作者电子信箱、引文等信息。在结果显示输出方面给用户以多样化的选择，如可以选择命中最大记录数、每页显示记录数及显示字段，可通过相关度、时间等选择排序方式；对于命中记录的保存提供存盘、打印、电子邮件输出；如果是全文库还提供 PDF、HTML 等输出方式的选择。许多数据库都提供检索策略的存储和再使用等功能。从应用角度来看，信息检索功能可以满足用户的基本信息检索需求，且大多数据库信息检索功能模块已经标准化，检索界面简单直观，用户不需要经过专门培训就可以方便地使用。另外，数据库系统的"帮助"（Help）或"检索提示"（hint、tips）、"常见问题"（FAQ）等引导工具比较详细地介绍了信息检索方法，为用户掌握数据库检索要领提供了方便，这也是网络数据库能赢得高效益的重要原因之一。

（二）内容扩增功能

内容扩增功能是数据库在原有基础上增加的新功能。从传统数据库概念来看，每个数据库都有对应的文献收录范畴，即时间、地域、学科及文献类型范围，数据库收录的文献内容范围是衡量其质量的重要指标。随着各门学科的深入发展，交叉性和跨学科文献越来越多，数据库作为文献信息的动态集合体，必须打破原收录的文献范围限制，扩增其收录范围，网络技术为数据库的内容扩增提供了优越的条件。

1. 多种数据信息的集成

近年来，数据库的发展表现出规模化趋势，各大数据库商一方面除了加紧对原数据的连续性和回溯性的建设，还整合一些免费资源，并不断购买其他相关数据，作为其原有内容的补充；另一方面开发跨库检索平台，使各种类型的单一数据库形成了一个相对完整的资源系统，为用户提供一定范围内最全面的文献信息，实现了较大范围的内容增值效应。

2. 二次文献和一次文献的无缝链接

提供全文是全文数据库的主要功能，由于网络平台的支持，国际著名的文摘、索引等二次文献库也都为用户提供获取一次文献，即全文资源链接，实现了从文摘到全文内容的增值。越来越多的文摘、索引数据库与本单位图书馆订购的电子期刊库、联机目录系统

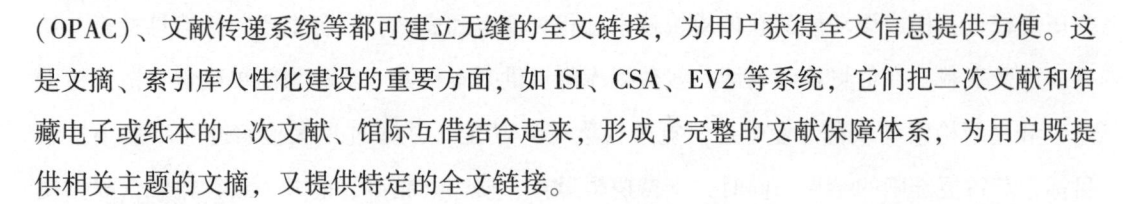

(OPAC)、文献传递系统等都可建立无缝的全文链接，为用户获得全文信息提供方便。这是文摘、索引库人性化建设的重要方面，如 ISI、CSA、EV2 等系统，它们把二次文献和馆藏电子或纸本的一次文献、馆际互借结合起来，形成了完整的文献保障体系，为用户既提供相关主题的文摘，又提供特定的全文链接。

3. 资源的整合

通过常用搜索引擎查找的相关内容很难达到学术资源质量的要求，因此，整合网络资源就成为数据库建设的重要任务。数据库对网络资源的整合模式主要有两种：一是通过选择、标引网络上的学术资源，与文献数据库建立统一检索平台；二是提供相关专业搜索引擎的链接。国外大多数的数据库具有这种资源的整合功能。

4. 记录的字段增多

字段的多少也是反映数据库信息量大小的重要指标，增加字段是各家数据库商开发信息平台的主要目标之一。大多数数据库从增加记录的字段数来实现其内容的扩增功能。国外数据库以 ISI 系统为先导，增加了引文、被引文献等字段。

（三）服务拓展功能

服务拓展功能也是数据库新增功能，包括文献分析和管理、定题通报、个性化服务、个人书目管理等服务功能。通过开发数据库的服务拓展功能，使数据库产品成为一个完整、立体的服务体系。许多数据库正在从单一的信息检索工具向综合的信息资源与服务体系转型，数据库在信息服务的整体环境中，逐渐显示出其服务功能的强大。

1. 文献分析和管理

文献数据库是大量文献的集合，在很多情况下，读者通过检索获得的文献数可能是几百、几千个甚至上万个。这些文献表现的各种特点，可以为读者提供重要的信息，数据库系统提供的文献分析功能实际上就是对所检索的文献的特点进行各种分析。最具代表性的是 ISI 系统，通过分析功能，可以对所检索文献按年代、国家或地区、作者、主题领域、语种、文献类型等进行统计分析，从而获得所检索的某一主题文献。在以上几方面表现的特征，为进一步吸收利用提供科学依据。实践证明，这是一项很好的拓展性服务功能，可以使用户很好地把握某研究领域的知名专家、权威机构及文献的语种、时间分布等特点，准确地吸收某研究领域更多的信息。虽然还没有其他数据库系统提供检索结果的分析功能，但它确实代表了人性化信息服务的方向。

2. 定题通报服务

定题通报服务是一种由数据库系统软件自动执行的定题服务，系统根据存储的用户检索策略自动进行检索，定期将最新的相关信息发送到用户的电子邮箱，用户可以直接从邮件超链接到数据库中的有关记录，从而方便、及时地了解自己所关注的最新研究成果及动态。大多数数据库具有这种服务功能，用户可以随时获得系统中给定课题、选定期刊目次的最新信息通报服务。

3. 个性化定制服务

个性化定制服务是指将每个用户查找和筛选的动态结果保存下来，每次通过数据库服务网站进入个人账户之后，用户便可以找到自己关心的资源和经常使用的系统功能，为用户节省了大量的时间。

4. 个人书目管理

个人书目管理可以有效地帮助用户管理检中文献信息，它将个人累次检索并选择的检中结果信息存入个人数据库，用户可以随时进行排序、增添、删除、数据导出等操作。同时，还可以按用户需求输出标准的出版格式，方便个人写作和投稿。

（四）其他功能

文献数据库功能的不断扩充与完善既是数据库开发商的利益需求，更是广大用户对信息服务业提出的要求。国内外著名的数据库都以以上三大功能为开发信息平台的主要目标，且不同数据库还有其他一些附加功能。

第三节　档案信息数据库的逻辑设计、物理设计和功能设计

一、档案信息数据库的逻辑设计

（一）数据库系统

档案信息数据库系统主要由资源平台、业务平台、资源获取模块、统一资源存储模块构成。

资源平台模块又包含了专题库管理、分类管理、知识条目管理、信息统计、信息检索、知识浏览六个子系统。

业务平台模块又包含了信息采集、信息上报、信息统计管理、档案入库等子系统。

资源获取模块包含了档案数字化系统、数据交换系统、数据录入系统和数据校对系统这四个子系统。档案数字化系统是纸质档案要进入数据库的数字化加工环节，数据交换系统则主要支持外部电子政务系统的信息交换，数据录入系统则是多种数据来源提供的不同结构化程度的信息进入数据库的入口，数据校对系统是保证信息准确性的重要保障。

统一资源存储模块又包含了知识文档资料存储和业务操作数据存储两个子系统，知识文档资料存储于知识库或文档库中，包括文档管理、文档元数据管理、文档关系管理；业务操作数据存储于数据库中，包括数据管理、数据元数据管理。

（二）目录服务系统

一个目录服务是信息仓库、存取法和相关服务的组合。信息仓库通常是用于存储位置信息和其他有关资源（如用户、打印机、文件服务器和应用服务器）的详细信息数据库。存取法是指轻量级目录访问协议（LDAP）或其他可用来与目录服务组件进行通信的存取法。相关服务是指目录服务提供的用于查询、操纵和认证数据库中信息的设施。

使用目录服务，可以一次定义用于所有应用程序的用户和组，而无须为每个应用程序分别定义用户和组。目录服务对于实现安全性很有帮助，即通过认证用户控制对资源的访问。没有目录服务，可能为不同的软件产品（如应用服务器、Web 服务器和操作系统）重复定义相同的用户和组，这是因为这些软件产品不共享安全性数据。

数据库系统提供对目录服务系统的支持，可以与现有 Active Directory 等目录服务系统紧密集成，提供统一资源目录和用户权限的管理，便于对数据库进行统一的用户权限管理。系统的设计和实现同时提供独立的用户/权限管理功能模块，在不需要借助外部目录服务系统的情况下，可以使用系统内独立的用户/权限管理功能模块。

业务平台的信息资源目录体系建设可以采用元数据技术，遵循相关标准，对共享信息资源特征进行描述，以形成统一规范的目录内容。并按照易于理解、分类清晰的原则，形成物理分散、逻辑集中的以主题和部门类别为主的多级档案信息资源目录框架。

目录服务系统提供了用户目录和统一资源目录，在此基础上，完成系统的统一授权管理。用户授权管理实现针对不同角色的用户提供对统一的档案信息资源目录灵活授权策略，从而实现统一的分级分类授权等一系列管理。

用户访问门户网站时，通过授权访问接口来确定该用户被授权的所有可访问资源。

（三）消息系统

1. 即时通信平台

以 Web 方式向在线用户和非在线用户发送信息。在线用户会在瞬间收到提示，不在线用户在登录时会得到提示。

2. 短信服务平台

系统支持短消息应用，用户可以通过手机接收短消息和向系统发送短消息。与短信平台的接口通过 MAS 机或 Web Service 完成。可向指定手机号码发送短消息，可接收用户通过手机发送到系统配置接入号码的短消息。

3. 邮件服务平台

系统支持邮件应用，用户可以使用电子邮箱接收信息。基于 Web 的邮件系统，可用于内部、外部，每个账号自动带一个电子信箱，可以接收、发送、回复电子邮件及超文本邮件；用户可建立树状的邮箱目录；可结合通信录来选择邮件地址，实现单发或者群发邮件；提供邮件搜索功能；可以把其他的邮件账号集成到系统中。

（四）网关系统

1. 数据包过滤技术

指系统按照一定的信息过滤规则，对进出内部网络的信息进行限制，允许授权信息通过，而拒绝非授权信息通过。数据包过滤防火墙处在网络层和逻辑链路之间，截获所有流经的数据包，从其 IP 头、传输层协议头、以及应用层协议数据中获取过滤所需的相关信息，然后依次按顺序与事先设定的访问控制规则进行一一匹配比较，执行其相关的动作。在系统内部设置了访问控制表，用来作为进行选择过滤的逻辑依据。通过对数据包包头信息中的源 IP 地址、目标 IP 地址、TCP/UDP 源端口号、目标 TCP/UDP 端口号的检查，来确定该数据包是否合法，以决定是否允许它通过。

这种防火墙具有成本低、易安装、透明性好、运行效率高等优点，但不具备身份认证功能，安全性较低，同时要制定一套合适的过滤规则集也很困难。

2. 代理服务技术

指运行在防火墙主机上的一些特定应用程序或服务器程序。对于每种网络应用服务都有相应的代理程序提供服务。这种技术在应用层上实现。当远程用户要与一个应用网关的网络进行连接时，应用网关会阻塞此远程连接，然后对连接请求的各个域进行检查。如果该连接请求符合预定的规则，网关便会在远程主机和内部主机之间建立一个"桥"。可以根据应用的不同在"桥"上面设置相应的过滤规则。

这种基于软件的防火墙将内部网络与外部网络完全隔离开来，安全性较高，能提供用户级的身份认证、日志记录和账号管理；能对应用协议命令进行控制和过滤；能自动实现内部地址的隐藏。但是，由于对每一个用户发出的请求都需要创建客户代理进程和服务器代理进程，将消耗大量 CPU 资源和内存资源。另外，当客户请求较多时，防火墙的效率会急剧下降，对网络性能影响较大。由于每一个数据包都要经历网络层、传输层及应用层才能进行处理，因此系统吞吐量低，时延较长。而且，对每个服务都需要一个对应的代理服务，对用户来说透明性较差。

3. 动态防火墙技术

这种技术可创建动态的规则，使其适应不断改变的网络业务量。根据用户的不同要求（应用、协议、网络地址、端口、通话状态、方向等），规则能被修改并接受或拒绝条件。这种通信技术可分辨通信是初始请求，还是对请求的回应，即是不是新的会话通信，以实现"单向规则"，即在过滤规则中只允许一个方向上的通信。在该方向上的初始通信（请求）被允许和记录后，其连接的另一方向的通信（回应）也将被允许，这样不必在过滤规则中为其回应考虑，大大地减少了过滤规则的数量和复杂性。同时，它还为协议和服务的过滤提供了理想的解决方案，能很好地实现"只允许内部访问外部"的策略，使内部网络更安全。从外部看，在没有合法的通信时，除规则允许外部访问的所有内部主机端口外，其他端口及非保留端口都是关闭的，只有当其访问外部某主机的某端口时，才对该外部主机的该端口开放，并且当连接结束时，也随之关闭。而从内部看，除规则明确拒绝外，所有外部资源都是开放的，并且它还为一些针对 TCP 的攻击提供了在过滤器上进行防御的手段。

在非法软件（病毒、木马程序、黑客、蠕虫、间谍软件等）的传播途径中，基于 Web 的传播方式是最为流行、最为广泛的一种。因此，针对 HTTP/HTTPS 认证协议传输内容的 Web 非法软件扫描功能，可以阻止病毒、木马程序、黑客、间谍软件等非法软件通过 HTTP/HTTPS 协议来实现传播，提高系统网络的整体安全性。

HTTPS 是 HTTP 和 SSL 协议的组合。SSL（安全套接字层）是一个网络安全协议，它用来提供服务器和客户机之间必要的安全性。如果选择 HTTP，认证数据的接收无任何保护；如果选择 HTTPS，认证数据在每个 SSL 协议中加密，包括用户名和密码，即服务器端和客户端所传送的所有数据都是加密传送的；如果要使用证书认证，那么必须使用 HT-TPS。

网络入侵保护主要基于两方面实施保护：第一方面，根据特定的网络数据包特征码，判定网络入侵或者漏洞注入行为并进行相应的阻止；第二方面，对于常见的协议，检查协议通信是否符合标准。

二、档案信息数据库的物理设计

档案信息数据库系统物理设计充分支持体现"系统网络化应用"和"信息安全性"。

（一）系统网络化应用

数据库系统在逻辑上划分为几个部分，分别在不同的计算机上运行，这些计算机既可以在局域网内，也可以在内联网上。采用这样的数据库系统，在结构设计时，应注意将应用逻辑从用户界面中分离出来，形成不同的模块。

联防联控机构可以通过外部网络（Extranet）或虚拟专用网络 VPN 访问档案信息数据库系统。总之，通过网络将各方从物理上连接起来，实现信息远程服务与业务协同交互。

（二）信息安全性

简单地说安全性就是确定谁可以访问重要的系统资源，这些资源包括文件、目录、程序、连接和数据库。系统的物理设计提供对数据库的安全性支持，包括身份认证登录和权限管理、数据存取权限管理、网络访问管理、Web 安全管理、终端监控管理等。

1. 系统安全性需求

包括用户登录安全设置、系统人员角色/安全级别定义及系统监控三方面。

（1）用户登录安全设置

在系统客户端登录验证中，通过用户名、密码、验证码进行验证，在数据库中对用户的密码进行加密。采用的验证码是随机产生的，为了防止暴力破解而内含加密机制。

（2）系统人员角色/安全级别定义

对系统的所有使用人员在系统设置中定义其角色和安全级别，角色分得越细，安全性就越高。对于系统中的信息，可通过各种方式设定读取和查看所对应的人员角色/安全级别，并可在相当范围内进行权限的细分，从而使系统中所有的操作都在严格的控制下。

（3）系统监控

提供强大的数据库日志功能，对关键信息的操作进行监控，帮助系统管理人员跟踪、分析、调试办公自动化系统。

2. 系统的安全设计

档案信息数据库的安全设计分为安全管理体系、物理安全体系及应用与数据安全体系三个部分。

（1）安全管理体系

安全管理体系包括：安全防护和安全管理。前者是对物理环境采取必要的措施，例如数据库系统和互联网的物理隔离，在工位上提供连接不同网络的多个信息点。后者是对工作人员、系统安全信息的组织和管理，是实现网络系统安全的管理手段。据统计，大部分的信息安全事故是由于安全管理不善所引起的，所以应该充分重视系统的安全管理工作，构建统一的安全管理体制，通过建设集中统一的安全管理制度，加强安全防范意识，实现对整个安全体系的综合管理。安全管理也包括对系统中各种运行日志的手工安全审计，这也是事后发现系统漏洞、非法入侵者的重要方法。

（2）物理安全体系

物理安全体系包括：涉密信息网络建设和数据库定期全量备份。前者是根据知识信息内容和应用服务类型有选择地进行建设，后者是对数据库进行定期全量备份，在系统遭受到破坏时进行恢复。在具体实施时，可以根据经费情况，选择适当的备份策略。

（3）应用与数据安全体系

应用和数据安全体系包括：数字签名、加密体系、认证登录和授权体系、存取权限控制、网络和计算机系统安全、网络访问管理、Web安全管理、安全监控体系及安全审计等。

①数字签名。所谓数字签名是指在信息通信过程中，发送方对要传送的信息加上自己的电子签名。这一技术能够保证发送方事后不能否认自己的签名，同时接收方也无法伪造发送方的签名。数字签名是确保信息来自发出信息的人，以防止信息被仿冒和窜改。数字签名是对传统文件手写签名的模拟，能够实现用户对电子文件或电子形式消息的辨认和验证。这是以数据加密技术为基础和前提的。所谓数据加密技术，就是对信息进行重新编码，从而达到隐藏信息内容，使非法用户无法获取信息真实内容的一种技术手段。其目的是防止信息被未经授权而泄露、窜改和破坏。数据加密过程由各种加密算法来具体实施，它以较小的代价换来较大的安全保护。根据密钥的特点，加密算法可分为对称密钥加密系统和非对称密钥加密系统。前者是发送方和按收方使用相同的密钥，即加密运算和解密运算是相同的。这种算法的不足之处是双方都使用同样的密钥，这就存在发送者或接收者单方面泄露密码的可能。此外，每对用户每次使用对称式算法都需要使用其他人不知道的唯一钥匙，以保证信息的机密性。这就使得密钥的数量呈几何级数增长。为克服对称密钥系

统的这些弱点，又引进了非对称密钥系统。非对称密钥系统的主要特点就是加密和解密使用不同的密钥，每个用户保存一对密钥：公钥（SK）和私钥（PK）。公钥（SK）可以公开，用作加密密钥；私钥（PK）则需要用户自己保存，用作解密密钥。其优点是可以适应网络的开放性要求，且相对于对称加密密钥管理要简单得多，尤其可以方便地实现数字签名和认证。但非对称密钥算法相对复杂，加密数据的速率较低。因密钥越长，其加解密所耗的时间也越长，所以效率不是很高。比较流行的非对称密钥算法是椭圆曲线算法（ECC）。这种密码体制的诱人之处是在安全性相当或同等的前提下，可使用较短的密钥。即该算法所需的密钥长度要比 RSA 方法短得多，这就有效解决了 RSA 方法为增强保密强度而必须提高密钥长度带来实现上的难度问题。它是建立在一个不同于大整数分解及素域乘法群而广泛为人们所接受的离散对数问题的数学难题之上。同时，椭圆曲线资源丰富，同一个有限域上存在大量不同的椭圆曲线，这为安全性增加了额外的保证，也为软件、硬件实现带来了方便。可以说，从长远看 ECC 必将取代 RSA。ECC 属于公钥密码体制，便于密钥管理，可以方便、快捷地实现数字签名。

②加密体系。所谓加密体系就是对系统中的涉密信息提供传输加密、摘要、密钥的安全导出和导入（利用公钥技术）等密码服务，建立传输加密、接收解密体系和功能。信息加密的目的是保护网内的数据、文件、口令的控制信息，保护网上传输的数据。加密技术通过信息的变换或编码，将机密的敏感信息变换为难以读懂的乱码型信息，以达到保护数据安全的目的。

③认证登录和授权体系。所谓认证登录和授权体系，就是将身份认证登录和权限管理结合起来，实现对系统的访问控制。

存取权限控制是对数据存取权限进行管理，保证只有授权人员才能执行特殊操作。例如，使用存取控制表（ACL）来保护资源。

④网络和计算机系统安全。网络和计算机系统安全是以防火墙技术、网络入侵检测技术、主机漏洞扫描、病毒防御、网络防窜改等为依托，实现对安全事件在网络层、系统层、应用层等的基本安全防御功能。

第一，防火墙。防火墙是解决网络的边界安全问题，实现网络访问控制的有效解决方法。设备采用硬件和软件结合的方式，是一个或一组软硬件系统，用于两个或多个网络间加强访问控制。使用不同的技术策略可构成不同的类型，其基本类型有网络层防火墙、应用层防火墙和链路层防火墙，能够满足用户的不同需要。

根据防火墙的构成结构，它可以分成双主机防火墙、主机屏蔽防火墙和子网屏蔽防火墙三种，双主机防火墙使用的是两块独立的网卡，主机屏蔽防火墙和子网屏蔽防火墙是把路由器和代理服务器结合使用。

第二，入侵检测。是指对来自信息系统外部的入侵威胁进行实时检测。是对计算机和网络资源的恶意使用行为进行识别和响应处理过程。它可以帮助系统对付网络攻击，扩展系统管理人员的安全管理能力，提高信息安全基础结构的完整性。按入侵检测的策略来划分，可以分为基于异常统计和模式匹配两种类型。模式匹配类型建立在已知的入侵特征库基础上。而异常统计则建立在已知的系统正常工作模式基础上，异常统计模型包括两方面：一是为用户和系统建立正常行为特征，二是观察系统和用户的实际活动与所建立的正常行为是否存在差异。模式匹配和异常统计两类模型具有互补性，异常特征模型能够精确地检测已知的入侵活动，误警率低。而对于一个确定的应用环境，异常统计模型会拥有一个比较精确的系统正常工作模式，从而发现一切偏离正常模式的活动，包括一些未知的入侵活动。

按入侵检测的手段来划分，入侵检测模型可以分为两种：一是基于网络的模型通过实时监视网络上的数据流，来寻找具有攻击特征的数据包；二是基于系统的模型则通过分析系统的审计数据来发现可疑的活动。这两种模型也具有互补性，基于网络的模型能够客观地反映网络活动，特别是能够监视到系统审计的盲区；基于系统的模型能够更加精确地监视系统中的各种活动。基于网络的模型受网络结构的限制，而基于系统的模型不受网络结构的影响。入侵检测必须实时执行。

网络是动态变化的，入侵者会不断利用所发现的各种安全漏洞，采用新的方式、方法进行攻击。所以应该不断跟踪分析各种非法入侵的行为和手法，研究网络和系统的安全漏洞，这体现在安全检测产品上就是入侵特征库及安全漏洞库，也是评价安全检测产品的一个重要因素。

第三，漏洞检测。网络系统的入侵者首先通过寻找系统中的安全漏洞来寻找入侵点。漏洞检测的主要目的是先于入侵者发现系统的漏洞并及时进行弥补，从而提高系统的安全性。检测可以针对网络层、操作系统层、数据库层、应用系统层多个层面上进行，可能是一些系统自身的漏洞，也可能是一些管理、配置上的漏洞。漏洞检测的原理主要是通过查找安全漏洞库及采用一些模拟攻击的方法来发现漏洞，所以评价一个漏洞检测产品的好坏有一个很重要的因素就是安全漏洞库的大小。因为网络是动态变化的，所以漏洞检测应该定期执行在网络结构发生了变化、主机上新安装了软件等之后的漏洞检测。

第四，病毒防御。病毒和非法入侵同样是对网络系统的动态威胁。计算机网络病毒往往在毫不知情的情况下悄悄入侵计算机系统，采用适当的措施防治病毒，也是减少和避免档案信息文档损坏，提高网络安全的重要措施。除了要安装可靠性高的防火墙，经常更新杀毒软件，预防病毒入侵外，还要制定严格的规章制度，从各个方面入手进行防范，如限制共享目录及读写权限的使用，将服务器上某些可执行文件的属性设为禁止，对重要的系统盘和数据盘经常进行备份和定期检查软硬件系统等。针对病毒的危害主要的解决方法有两种：一是针对被感染的系统进行病毒扫描和检测清除，二是对正在传输的文件和信息进行病毒检测。为了进行病毒防护，可以使用因特网网关处防毒软件和内部网络防毒软件。

第五，网络访问管理。基于防火墙技术，有效对网络传输进行过滤。通过分组过滤和伪装，监视网络内外通信，阻止网络黑客访问某个网络，起到对内部网的保护作用。它既可以阻止外界对信息的非法访问，也可以阻止机密信息和专利信息等重要信息从网上被非法窃取。

第六，Web 安全管理。通过 Forefront TMG，实现对 Web 访问内容进行过滤，对恶意软件进行过滤等。

第七，安全监控体系。以流量控制、终端监控管理（含非法外联管理、防病毒等）为主要监控对象，实现对网络安全的实时监控，及时发现不安全的迹象和行为。同时，加强对终端的非法外联、非认证主机的非法接入等行为进行监测与审计，确保应用系统处于安全状态。

第八，安全审计。以旁路侦听方式对网络数据流进行采集、分析和识别，实时监视网络系统的运行状态，记录网络事件，及时发现安全隐患。同时，加强对终端设备的非法外联、非认证主机的非法接入等行为进行监测与审计，确保该应用系统处于安全状态。

三、档案信息数据库的功能设计

（一）专题库、主题分类、知识条目管理

1. 专题库管理

专题库管理是对既有数据库以外的，在实际业务中产生的，对已有数据库的信息进行统一管理的设置，起着补充更新的作用。专题库管理的功能有新建专题库、修改专题库、删除专题库和专题库访问设置等。

管理人员可以通过新建专题库界面提供专题库名称，专题库（可选）和专题库描述信息，系统检查专题库名称有效（在同级专题库不能同名），通过验证从逻辑上创建专题库，生成专题库资源 ID（标识）和 URI（统一资源定位符）。

管理人员指定待删除的专题库。如果专题库内已经存在其他子专题库、分类和条目，则提示用户是否级联删除。得到用户确认后，删除指定专题库。系统固有的专题库不允许

删除。

管理人员可以编辑修改专题库的名称、子专题库和专题库描述信息，系统检查专题库名称的有效性（在同级专题库不能同名），验证子专题库的有效性，通过验证从逻辑上修改专题库信息。

管理人员可以进行专题库访问设置，设置能够访问指定专题库的机构、部门，借助权限模块，系统根据用户指定的专题库，确定资源ID，生成相应的资源访问控制说明项目。

新建、删除或修改专题库，对专题库访问设置，都借助日志管理模块生成相应的日志记录。

形成新建、删除或修改专题库的日志记录。

2. 主题分类管理

管理人员可以通过新建主题分类界面提供主题分类名称、主题分类的上位主题分类（可多个）和分类描述信息，系统检查主题分类名称的有效性（唯一主题分类名称），通过验证的，创建主题分类，生成主题分类描述符；在存储主题分类时，存储主题分类和上位主题分类的类属关系。

管理人员可以指定待删除的主题分类。如果在主题分类中已经存在指定主题的下位主题分类，或者数据库中已经存在标定为该主题分类的知识条目，给出提示信息并建议用户不要删除。得到用户删除确认后，将主题分类的所有下位主题分类向上移动一级，即所有下位主题分类的上位主题分类修改为删除主题分类的上位分类（如果待删除主题分类无上位主题分类，则置空），通过索引反向查找标定为待删除主题分类的知识文档，将这些文档的主题分类转变为待删除主题分类的上位主题分类（如果待删除主题分类无上位主题分类，则置空），删除指定分类。主题分类的删除功能使用频度低。

管理人员可以修改指定主题分类的分类名称、主题分类的上位主题分类（可多个）和分类描述信息，系统自动检测主题分类名称的有效性（主题分类名称是唯一的），通过验证后的信息，系统将主题分类信息的形式加以保存。

形成创建、删除和修改分类的日志记录。

3. 知识条目管理

（1）档案数字化

档案数字化是随着计算机技术、扫描技术、OCR技术、数字摄影（录音、录像）技术、数据库技术、多媒体技术、存储技术的发展而产生的一种新型档案信息形态，它把各种载体的档案资源转化为数字化的档案信息，以数字化的形式存储，网络化的形式互相连接，利用计算机系统进行管理，形成一个有序结构的档案信息数据库，及时提供利用，实现资源共享。档案数字化还能有效地保护档案原件。数字化档案能代替原件使用，并能恢复档案材料模糊褪色的字迹，对污损残缺照片档案进行修复。而且数字化档案副本异地保存，以及输出缩微胶片永久保存，可以在突发紧急情况下最大限度地保持档案的完整性。

在信息处理中，除可以获取的数字化数据外，还存在大量纸质文档，对这些纸质档案的数字化，是加强系统对业务文档归档和信息管理的重要手段。

参照纸质档案数字化技术规范，业务管理操作规程，采用基于扫描接口和工作流组件，实现对现存纸质档案进行扫描、校验，二校验后进入阶段库的协同工作方式。

阶段库是存储完成档案数字化扫描的图像文档的数据存储区域和管理机制。阶段库中的扫描图像类型文档可以进一步通过数据录入系统在协同办公平台数据库中完成入库。

对于重要性不同，再利用不同的文档资源可以采取不同的入库策略。扫描图档进一步完成入库时，系统提供两种方案：

一种是系统提供的扫描图档存储和 OCR 全文检索字段自动抽取方案。该方案将扫描图档入库存储，由系统自动根据 OCR 结果按词进行全文检索。这种方案的优点在于既能够保证扫描图档还原纸质样式的效果，还可以提供根据内容进行全文检索的功能，缺点在于用户调阅的电子文档为图片格式，不利于进一步的再利用。

另一种是系统提供的带有版面识别的 OCR 光学字符识别信息入库方案。该方案借助 OCR 版面识别和校对 API，提供对扫描图档的深度加工，在人机协作下，将纸介质样式还原到 DOC、PDF 格式文件中，即入库前已经由图档转换为包含文字和版面信息的常见电子文件格式。该方案的优点在于既能够保证还原纸质样式，也便于再利用，缺点是数字化过程复杂，效率低，准确性低。

（2）数据录入

数据按结构化程度基本上可以分为结构化、半结构化和非结构化数据，分别指示了系统对外部数据表达的信息和信息模式的认知程度。对系统而言，从外部获取的数据大都不是结构化数据，要通过系统对数据的整理和转换实现前述系统需求中的数据向半结构化和结构化数据转换。结构化数据主要有从关系型数据库管理系统获取的数据；半结构化数据主要有通过电子政务交换服务得到的公文数据，其特点是基于 XML 格式的数据文档，以 XML 语言表达的信息和信息模式一并出现，在半结构化数据信息模式可预知的情况下，可以实现在系统内到结构化数据的转换；非结构化数据主要有大量无标准化结构定义的文本型数据、声音、图片和视频等。

文档格式标准化处理是将多种数据源得到的不同类型的文件格式和数据格式进行标准

化，最终得到标准的文件格式和数据格式。所有数据均提供相应的元数据管理。

针对提取结构化数据、外部交换数据、导入文件、图片和音频、视频格式，分别制定标准格式。

①提取结构化数据。提取结构化数据是指从外部 RDBMS（关系型数据库管理系统）提取的结构化数据，针对特定类型的数据，在系统的数据库设计和部署中有与之对应的关系模式（表结构）及表空间，用以表达结构化数据的模式和存储特定的结构化数据。

②外部交换数据。外部交换数据因其自描述性普遍具有较好的内容结构，属于半结构化数据。所谓半结构化数据，就是介于完全结构化数据（如关系型数据库、面向对象数据库中的数据）和完全无结构的数据（如声音、图像文件等）之间的一种数据形式。

它一般是自描述的，数据的结构和内容同时在一起。由于 XML 文件可以自定义数据内容，并可以通过 DTD，Schema 等辅助文件来定义 XML 数据模式，校验其所包含数据的类型和层次。这样在使用 XML 文件作为不同形式数据转换的中间格式时，我们可以保证数据的有效性。

档案信息数据库保留此类文档的原文件内容，并与相应元数据进行打包封装，使之成为系统标准电子文档。基于外部交换数据的内容结构，系统提供元数据提取的映射机制，可以通过映射规则的配置和使用，实现部分元数据的自动提取。

另外，这部分数据也可以在有需要的时候通过映射等机制转换为结构化数据并存储在本系统的关系型数据库中，用于进一步的分析。

③导入文件。主要包括图片文件、音视频文件等几类来源的文档格式转化，导入文件一般结构性差，通常包括文本、数值和图像等多项内容，有的还具备重要的显示格式等。系统保留此类文档的原文件内容，并与相应元数据进行打包封装，使之成为本系统的标准电子文档。

需要说明的是，对于需要通过 OCR 技术提取文本信息以提供全文检索支持的扫描图档，也归类为导入文件。

④图片文件。图片文件资源以 JPEG 标准格式转存，在损失少量信息的同时可以获取较高压缩比，有助于节省存储空间和降低网络带宽。

⑤音频视频文件。按照电子文档管理的标准，音频采用 MP3 或 WAV 存储，视频采用 MPG 或 AVI 存储。音频采用 MP3 格式，视频格式采用 MPEG-4 格式。这两种格式既能保证音质和清晰度，又具备较高的压缩比，这样不仅能节省存储空间，还能降低网络带宽。对应于数据的元数据应集中存储在元数据库中，并建立元数据与数据之间的相应链接。如果用户对录入的音视频文件格式不满足系统要求，系统在客户端提供格式转换界面，实现

格式转换功能。

在系统可以预计到的数据中有相当大的比例是导入文件型数据。如前所述，系统中的数据均使用著录系统的功能，通过自动获取、映射和手工录入结合的操作方式，形成原始数据的元数据，遵循按元数据管理的原则。导入文件型数据和外部交换数据与其他几种数据在元数据的存储方面有所不同，导入文件型数据和外部交换数据与元数据打包封装存储。

对系统中多种类型的导入文件型电子文档的元数据打包封装存储，是参照工业标准进行设计的。

数据录入系统的设计，在很大程度上能够适应非结构化、半结构化和结构化数据的录入，采用统一的元数据管理机制，从而满足信息化建设的需求，有助于充分利用现有资源，整合现有资源到数据库系统中。

（3）著录

著录模块是对文档内容和形式特征进行描述的功能模块。数据库文档采集员录入文档后，文档管理模块通过工作流引擎通知著录人员对文档进行著录。著录人员也可以选择知识文档并启动著录过程。

用户选择的文档，系统检查该文档的内容类别，从而选取适当的文档类型元数据模板并创建相应的元数据实例，系统自动提取部分信息填入元数据实例，例如，文件名称和文件大小等。用户在此基础上补充和修正元数据内容，并提交著录元数据。用户提交元数据时，系统保存元数据内容到文档库中，存储文档和元数据的关联关系；将元数据索引化，生成相应的索引。

（4）数据校对

系统提供以开放式词库管理为核心的文字校对引擎，提供人工校对界面和对校以实现对上下文的有效管理，提供基于工作流引擎的校对业务流程管理。校对系统能够充分利用现有基础信息数据库内的语料和用户向词库添加的词条持续扩展开放式词库，通过开放式词库增加自动辅助校对的准确性；系统对校对上下文、校对环境和校对结果进行有效的管理，使得三个校次有延续性和可对比性；系统基于工作流引擎的校对业务流程能够更好地将传统人工校对中的"三校"，合理迁移到高效的计算机平台上，并保证职责清晰和权限明确的特点。

对于 OCR 字符识别（尤其是 OCR 版面还原）的纸质文档数字化，基于 OCR 校对 API，系统还提供校对 OCR 文字和校对版面的功能。

（5）文档关系管理

档案信息数据库系统还以元数据管理的手段实现了文档关系的管理。系统中采集、存储和管理的档案信息存在各种各样的关系和联系。然而，很多良好的应用系统忽略了这些重要的文档关系，导致对有相互联系的文档使用出现一定的困难。

文档关系管理系统完成对文档数据之间的上述各类关系联系的抽象、存储和使用。用户可以在录入数据后，对文档之间的关系进行指定。除可以指定系统提供的几种预设关系外，用户还可以根据自己的需求创建新的关系类型定义。

在信息检索系统和其他业务应用系统等众多系统中，借助文档关系管理系统中管理的文档关系，可以为用户提供更多相联系文档的简单提示，也可以基于这些关系更方便地完成相关文档的查看和比对等操作。

（6）审核

对于通过审核的档案信息数据库文档创建入库，系统逻辑上分配该文档到联防联控数据库相应的专题库，创建 URI。

对于通过审核的档案信息数据库文档进行更新，系统逻辑上删除原版本文档在相应专题库中的知识条目，替换为新更新的版本知识文档，维持原 URI。

（7）信息检索

基于著录工作和索引化得到的索引，提供分类检索、主题词检索等基于元数据的检索方式；基于全文索引提供全文检索方式；对应本系统的需求，提供专题检索、元数据检索、条件检索和多媒体检索等检索方式。系统还提供其他检索方式和检索特性。

系统自动检测著录得到元数据，并将元数据索引化，生成由描述信息定位原文档的必备信息。例如，通过计算机自动著录和人工著录得到文档的元数据，针对元数据中的分类、主题词，系统将生成分类或主题词到该文档的索引，这样在信息检索中，用户指定的分类或主题词将借助索引，检索到该文档。

系统基于全文索引引擎，完成切词和索引化，生成文档中的词语到该文档的索引，这样在信息检索时，用户指定的文本将借助索引，检索到该文档。

专题检索是数据库系统面向专题的检索方式。专题检索也基于元数据的索引化完成，在数据库条目入库时，系统能够根据用户使用的功能操作以及用户设定的信息，检测并正确存储知识条目到相应的专题库中，同时形成相应的元数据项，该元数据索引化后，得到专题名到该文档的索引，支持后续专题检索。

元数据检索将基于内容类型，自动提供元数据模板中更加全面的可检索项。前述众多检索方式实际上是元数据检索的特例和简单运用。

对应于系统内的结构化数据，基于对文档元数据的结构化管理和其他统计信息，系统提供条件查询，能够支持常见的关系和逻辑运算，从而支持条件检索。基于索引的检索是通过反向定位信息完成检索；条件检索是综合元数据和关系型数据库，提供更加全面和灵活的检索依据。

多媒体检索是基于用户对多媒体信息的描述和计算机自动著录的多媒体元数据，同时借助文档关联，得到多媒体数据相关联的主文档（一般多媒体数据多以附件形式存在），这样对多媒体的检索命中率更高，检索出多媒体的检索条件将更加灵活。

通过组合使用分类检索、标引检索和全文检索，系统提供直观的检索条件设置界面，根据用户选择的检索项目和原则，形成复杂的检索条件，并对检索结果进行有效聚合，对搜索范围和搜索条件进行更加细致的限定。

档案信息数据库系统可以将搜索条件的设置保存为个性化搜索，方便用户快速地使用一些个人常用搜索。这样避免了用户在搜索中心的使用中，每次都要进行搜索分类、条件和范围等的设置，极大地提高了用户的办公效率。

档案信息数据库系统除按照前述元数据、分类、标引和全文检索机制提供多种检索方式和途径外，还考虑到发起信息检索的使用者的权限级别问题。通过对检索会话的用户识别和权限级别判定，有效地对搜索结果进行过滤，从而保证了数据的安全访问。

另外，档案信息数据库系统能根据不同的条件和不同信息类型设置搜索范围和搜索方式，如对于项目的搜索和对于部门文档的搜索选项和结果就有不同的搜索范围、搜索方式和搜索结果。

（二）档案信息采集、数据上传、信息分析管理

1. 档案信息采集

档案信息采集分为自动采集和手动采集。

自动采集是指系统通过数据库接口或者其他 Web Service，按照档案业务系统连接有关数据信息，以及一定时间间隔，从对象业务系统中获取相关增量数据。然后由档案业务系统导入增量数据到相应数据分类中，并形成详细的自动采集日志。

当档案业务系统检测到自动采集到的档案记录数据有误时，档案业务系统会提供半自动采集界面，用户可在该界面上借助查询筛选出其所申报数据记录的类属并填入该指定待导入数据条目，然后档案业务系统导入用户指定的数据条目并形成导入日志。自动采集可以完成自动导入日常业务数据到本系统中的功能。

手动采集可以用于未采用外部系统进行业务数据管理的通道，提供单条录入和批量导入的录入方法。手动采集是指系统提供用户操作界面，通过表单录入各类信息数据，系统生成相应的 ID 数据记录并加以保存的过程，这个过程也可以通过导入指定格式的文件来

登记监测数据，上传文件后，系统临时保存该文件并解析文档，为用户提供解析结果，用户验证无误后正式提交，提交的数据信息与前述表单提交的数据一样，生成唯一监测 ID 并保存该数据记录。手动采集也可以用于突发紧急情况下的信息采集。

2. 数据上传

数据上传是在传统上传工作方法基础之上形成的信息化手段。数据上传具有信息上传和信息反馈的功能，既能对各种信息提供上传支持，也具有通知功能的信息反馈，这极大节约了传统档案上传手段中人员通信和访问反馈的时间，提高了档案信息上传的效率。

数据上传主要分为档案信息上传、档案信息反馈和档案信息上传汇总三个模块。档案信息上传模块支持通过表单进行档案数据化数据上传和一般的档案文档上传，这样就能全面支持档案上传信息，既能支持对数据化档案等信息的上传，也能支持一般报告等的文档上传信息反馈模块，提供对档案上传信息核查后的反馈功能，基于信息接收者对档案上传信息的评定和意见，为信息上传人员提供反馈通知。

档案信息上传中，用户可以指定档案上传接收机构部门，可以指定直接上级或非直接上级机构部门，从而支持档案逐级上传和灵活地跨级别上传。

档案信息上传人员提交上传数据或上传文档时，档案信息上传模块检查上传接收机构和上传信息主题分类的有效性，并将相关数据存储于关系型数据库或文档库中，为档案数据记录和文档分配资源 ID，形成 URI（统一资源定位符），形成相应的上传资源记录项，并在资源访问控制列表中，建立资源访问控制描述项目，描述上传发送机构和接收机构对该上传数据或文档的可访问性。完成资源的存储和资源访问描述项设置后，信息上传模块使用工作流引擎产生通知，通知上传接收机构有上传数据或文档送达。最后，向信息上传人员返回信息，描述信息已经上传。

数据上传接收机构的信息上传员可以接收到前述上传数据或文档送达的通知，得到通知后，可以查看该上传数据或文档，并对上传内容进行评定或提出意见，提交反馈。反馈提交后，将信息反馈存储于上传资源记录项中，通过工作流引擎向上传内容发送单位发出信息反馈通知，通知上传内容已经得到反馈。

数据上传接收单位的信息上传员可以使用上传模块的上传汇总功能核实下级上传数，对于结构化数据还可以提供内容汇总。数据上传汇总模块按照用户指定的时间期限日、周或月和信息分类，统计时间跨度内的机构上传数，结合机构树，形成下级机构上传数统计结果。对于结构化数据，对筛选所得上传记录的数值字段汇总。

通过档案信息上传与机构部门管理的接口，获取所有上级机构部门。得到指定机构或部门的所有直接上级和间接上级机构部门，用于支持档案信息上传功能中对上传信息接收机构部门的指定。

3. 信息分析管理

信息分析管理包括信息类型分析、信息类型确认、信息评估报告等步骤。

信息类型分析，将档案数据加以分析，从档案信息资料的专业领域特点进行的信息类型划分。

信息类型确认，将档案信息资料加以分析和归类后，还应从流程上加以确认。

信息评估报告，根据模板技术生成相应的档案信息资料评估报告，并生成相应的资源以及 ID 和 URI，以便用户访问。

信息分析管理按照分类和时间，创建信息分类和信息评估报告数据和文档，一般存储于关系型数据库和文档库中。

（三）归档管理和文档安全

1. 归档管理

档案信息数据库系统提供自动归档和手工归档的途径。自动归档针对监测数据和通报，手工归档针对通报。

监测数据属于结构化数据，在超过一定时限（如一年）时，系统将监测数据转入数据仓库。在操作型数据存储中删除原数据，逻辑上标记数据记录在历史档案库中，标记记录已归档。系统提供归档时限的设置，并周期性（一般按天）执行自动归档任务。

对档案文档的归档，系统检查通报的发送时间和通过的归档时限，满足条件的，将通报转存到历史档案库中。归档人员也可以手动强制对有关档案信息进行归档。

归档后的记录和文档，只有归档人员才能够检索和查看。

2. 文档安全

档案信息数据库系统中的信息既有上传下达的指令与命令，又有不同人员的个人信息。因此，在传送和保存中要有严格的安全机制做保证。

数字签名用来证明信息产生者的合法身份和签名后的信息是否被更改。数字签名可以解决否认、伪造、窜改及冒充等问题，即发送者事后不能否认自己的签名、接受者能够核实发送者的签名、接收者不能伪造发送者的签名、接收者不能对传送的信息进行部分窜改、网络中的某一用户不能冒充另一用户作为发送者或接收者。数字签名实际上也是一种加密，其核心技术就是数据加密技术。一般采用公开密钥算法进行签名，最近又有新的加密方法使用，即椭圆曲线加密方法。

私人密钥加密保证信息传输和到达后只有指定的人员才能看到。

存取权限控制从数据库、文档乃至区段字段级的加密，使有存取权限的人员才能阅读或修改相应的内容。

档案信息数据库系统的存取权限控制基于 ACL（控制列表）实现。在使用访问控制列表保护资源的基本过程中与安全性相关的概念包括用户、组、资源、许可权、领域和存取控制表，这些安全性概念是紧密相关的。

用户：一个可被 Web 服务器认证的身份，可以是人也可以是计算机。组：用户的集合，它提供了一个管理大量用户的有效方法，这是因为管理人员可一次指定一个组的许可权。资源：通过 Web 服务器进行存取的有价值资源包括 HTML 文件和目录（Web 页面）、其他文件和目录（如 FTP 文件）、Web 应用程序（Java Servlet 或 CGI 程序）。许可权：表示请求访问资源的特权，管理人员可通过建立存取控制表向用户和组授予许可权，以保护资源，它是与特定的资源相关的。领域：用户、组和存取控制表的数据库，为了使用户能访问领域中的资源，必须在该领域中定义需访问资源的用户，一个用户可以属于几个领域，但在同一领域中用户标识符不能重复。存取控制表：与资源关联的存取控制表指定了领域中的哪些用户和组可以访问资源。

存取控制表、领域和资源的关系如下：一个领域可以包含许多 ACL，一个领域可以包含许多资源，一个 ACL 可以仅属于一个领域，一个资源可以仅属于一个领域，一个资源仅与一个 ACL 相关，一个 ACL 可与许多资源相关。可通过为每个资源在单个领域中建立单个 ACL 来保护该资源。ACL 将指定可以访问或修改资源的用户或组。对于要保护的每个资源，需要指定 ACL、安全性领域、认证方案（用来验证访问资源的用户的方法）。

档案信息数据库专题库下的知识文档的存取权限无配置时，继承专题库的存取权限配置。系统的专题库无配置权限时，系统认定为允许访问。系统的固有库建立缺省的存取权限配置项，不属于专题库下的文档和数据，按照资源对待，核实存取权限，无相应配置项时，对外不可访问。

第四节　档案信息数据库核心业务流程设计

一、档案信息数据库的采集业务设计

（一）普通档案信息的采集流程

普通档案采集业务的流程大致如下：

第一，文档采集员启动基础知识积累采集业务流程，向条目管理请求。

第二，档案文档管理子系统收到请求后，暂存知识条目，并借助工作流程管理引擎向审核人员发送通知，通知审核人员对该知识文档进行审核；再向文档采集员发送通知，通知文档采集员知识条目已提交等待审核。

第三，审核人员提交对文档的审核通过或不通过审核结果，文档管理子系统保存知识条目，并借助工作流管理引擎通知文档采集员审核结果。

第四，工作流管理引擎向校对人员发送通知，通知校对人员对文档进行校对，向著录人员发送通知，通知著录人员对文档进行著录。

第五，校对人员对文档完成校对，必要情况下保存校正后的文档。

第六，著录人员对文档完成著录，完成知识积累采集业务流程。

（二）特殊档案信息采集的流程

特殊档案的信息采集流程大致如下：

第一，特殊档案的信息采集业务流程的启动方式有自动同步、人工导入和监测登记三种方式。

第二，自动同步方式的档案信息采集业务，由资源平台在工作流管理下自动调度任务，外部档案提供者通过系统添加业务数据，然后再由资源平台择取适当的档案数据存储进来，最后生成该档案导入报告。

第三，人工导入方式的特殊档案信息采集业务，由特定人员在系统中发起档案数据的查询或申报，数据平台作为代理；数据平台可进一步向资源平台系统查询业务数据，并将返回的结果显示给申报用户；申报用户指定要导入的档案数据要求资源平台导入。平台存储用户指定导入的档案数据，并形成档案导入报告，以供用户查看。

第四，档案信息采集业务，可由档案信息采集人员通过表单提交档案信息数据（单条提交或批量导入），平台存储申报信息并向用户返回操作结果。

二、档案信息数据库的知识管理业务设计

（一）知识入库及更新

数据库中的文档创建，可以基于文档模板，创建基于模板的知识文档，也可以不借助文档模板，直接提交文档到数据库中。

对数据库中创建的文档，可以通过引入校对环节提高文档内容的准确性。对数据库中的文档进行著录，可以更完整地描述知识文档的内容和特征，对自动词条索引和全文检索

的应用有极大补充作用。

数据库中的文档对外公开是受审核管理约束的,因此知识入库和知识更新都要接受审核管理,文档通过审核后,用户才能查看创建的文档和被更新的文档。

(二) 知识检索

知识检索通常指文本信息检索,其核心是文本信息的索引和检索。在档案管理领域,检索是存储和查找档案信息的过程;索引是指明档案或目录的某种特征,以一定次序编排并注明相应出处的档案检索工具;标引是对档案内容进行主题分析,赋予检索标识的过程。在进行信息检索时,通过提供一个或多个检索项与检索内容,检索系统会通过索引查找档案。例如,常用的主题词检索、标题检索等。

实际上,所有"标引项"都可以作为检索依据。在这些检索方式中,掌握主题词规律和掌握档案的内容特征的程度直接决定检索的实际效果。

在计算机信息检索领域内,全文检索技术越来越受到重视和被广泛应用。全文检索技术是一种重要的关键词检索方法。所谓全文检索,就是给定一个字符串或字符串逻辑表达式,对文档库进行相应的检索,查找出与指定表达式相匹配的文档,并将包含这些文字信息的文档作为检索结果返回给用户。全文检索技术分为两种:一种是根据检索表达式直接在原文档中匹配查找,这种方式适合于对小型文档库的检索;另一种是对文档预先建立索引,检索时对索引进行检索,这种方式适合于对大容量的文档库的检索,如互联网上的文档检索。全文检索技术包含两方面的核心问题:一方面是如何建立和维护索引库,另一方面是如何提供快速有效的检索机制。面向网络的全文检索系统所处理的对象是海量数据,要实现对它们快速有效的全文检索,主要需要从三方面进行考虑:一是检索的快速响应,二是索引库的建立与维护,三是索引数据的压缩。

全文检索系统是按照全文检索理论建立起来的,用于提供全文检索服务的软件系统,是计算机程序通过扫描文档中的每一个词,对每一个词建立一个索引,指明该词在文档中出现的次数和位置。当用户查询时,根据已建立的索引查找,类似于通过字典的检索字表查字的过程。

实际上,各级机构在工作中要大量频繁地调阅档案等信息资源,系统提供的信息检索性能的优劣直接影响着档案信息资源利用的效率和水平。系统遵循元数据管理的电子档案科学管理方法,充分发挥元数据在信息资源描述和概括方面的重要作用,并且扩展和实现灵活的元数据著录模板机制。通过自动化和人机结合的元数据著录,对信息资源的主题、标题等关键特征加以描述,还可以针对特定类型的信息灵活地进行更多信息的描述。著录所得到的元数据，通过标引可以提供丰富的检索标识。此外，充分利用计算机全文检索的优点，将信息资源进行全文索引，提供按词寻文的便利性。信息之间的关联性在系统的信息检索中也得到了充分的考虑，系统还支持相关联信息的检索，使得对信息的提取更有益于相关信息的调阅和使用。

综合使用上述各种信息检索方法和特性，系统提供灵活、复杂的组合式信息检索方法，通过信息资源的各种特征加以检索，大大提高了检索的效能，提高了工作人员的办公效率。

检索的工具是索引，系统提供基于元数据的索引管理，得益于著录系统，尤其是信息采集方案规划中第二阶段对信息的可管理性全面提升后，检索结果中可以提供详细和有价值的著录项目。系统提供三种基本信息检索方式，分别为分类检索、标引检索（含标题、主题词和其他标引项检索）和全文检索。其中分类检索可以与标引检索或全文检索综合使用，也可以单独使用。系统提供高级检索，来组合使用上述三种基本信息检索方式。

1. 基于元数据的索引管理

文档元数据适合使用 XML 技术来实现，便于系统在元数据管理方面提供更加灵活的管理，提高元数据可扩展性。同时，元数据作为对信息资源的描述，其中包含重要的检索标识。这些检索标识说明了文档的特征，如果以一定的合理次序编排并注明相应出处，则可以作为检索的工具，这就是索引的基本特征。

系统提供可配置的元数据创建索引方式，即在用户界面上通过复选的形式，允许用户配置对哪些元数据的数据项进行索引，被选择为检索标识的数据项由系统生成索引，加速检索过程。

2. 分类检索

档案信息数据库支持对数据进行分类检索。在数据信息录入系统下人机结合完成分类标引的先期工作基础上，系统支持对简单或组合的分类检索。如果独立使用分类检索，则系统给出属于指定分类的资源列表；如果和其他检索方式综合使用，则分类可以缩小检索范围，从而满足更加具体的查询要求。这样的设计可以为办公人员在日常工作中的大量检索操作节省时间，提高工作效率。

3. 标引检索

（1）标题检索

标题检索便于用户在大致清楚信息资源的情况下，对信息资源进行标题的模糊查询。

(2) 主题词检索

主题词检索是借助较正式的主题词表，让用户选择（或输入）一组主题词后进行的检索。系统提供主题词表的管理功能，标引人员在主题标引时，应尽可能使用正规的主题词，必要时也可以对主题词表进行扩展。

(3) 其他索引项检索

系统提供的可定制式标引管理，有助于形成更多检索依据。系统允许建立适当的标引体系，当用户检索时，可以适当地标引体系。用户还可以自由选择简单或组合的检索标识作为检索依据，例如，报告人检索、日期检索、刊号检索等。

与分类检索一样，系统允许保存其标引检索的偏好，具备同样的优点。

(4) 全文检索

索引是用来从索引词定位内容出处或信息资源的方法，在档案管理中一般用于定位对应文献和档案，在系统的全文索引应用中用于定位对应文档。实现方法主要有倒排文件索引、签名文件索引和位图索引。倒排文件索引是从书目索引中受到启发而派生出来的，是一种面向单词的索引机制，它是目前应用最广泛的全文索引模型。但与其他方法相比，在空间效率方面存在倒排文件增长过快的缺点，相关统计研究表明倒排文件的存储空间可能是原文档的50%—300%。

中文的词语和英文的单词有着较大的不同，中文用词一般都是多字词，词与词之间不像英文以空格符号间隔。因此全文检索对原文档进行分词，并以切分得到的词为索引对原文档做词级索引，保证了索引更有意义，保证了搜索效果，也避免了倒排文件不必要的过快增长。

因此，要提供全文检索，首先要有原文档的文本信息（因为系统录入的信息来源丰富，类型各异，因此要对各类文档的文本信息进行提取）。其次要有好的分词工具（例如，好的分词工具可以切分出数量适中、语义全面的分词集合）。最后要通过高效的索引和检索机制将分词索引化并提供按词检索。

（三）知识归档

对知识分门别类，按照用户指定的存储位置，完成历史性资料的标准格式档案存储管理。主要用于对通报信息按照年份和专题进行归档。

知识归档提供自动归档和手动归档方式。

知识归档提供知识分类的归档位置和归档时效配置功能。配置的归档位置可以指定专题库位置，配置的归档时效指定知识文档自创建到自动归档的时间跨度，系统自动归档模块会检查文档的该分类知识文档,满足自动归档条件的,将文档以标准化归档格式存储于用户配置的归档位置中。

(四) 知识联系

知识联系,主要体现在知识文档间的内容意义上的相互关系。

通过知识树模型引擎,基于知识分类,自动管理知识间的联系。知识树模型按照知识的分类设置及分类的类属层次关系,自动构建知识树。在著录过程或系统自动分类时形成的知识分类,使得经过良好描述的知识文档能够在系统中得到很好的梳理,更好地体现系统管理知识的知识结构,也便于用户更方便地按照主题去访问相关的知识文档。

除了基于知识主题分类的知识树模型外,系统还提供知识目录等多种知识文档间相关联的管理。知识目录主要是由用户将系统中的知识文档进行目录结构组织,便于用户进行知识文档的集成,提供用户习惯的目录浏览方式。

档案信息数据库还提供参考、引用等人工指定的联系类型。在知识文档的管理中,通过指定参考文档、引用文档,系统也能够基于这样的知识联系,提供与该知识文档相关联的其他知识文档。

三、档案信息数据库的信息共享业务设计

档案信息共享业务由信息索取人员或信息提供人员启动。

档案信息索取人员向信息索引索取共享信息,资源平台定位信息,档案信息定位成功后则返回相应的信息条目,否则,返回错误说明(一种常见的错误就是资源平台无法定位索取人员所期望的信息,例如,资源平台共享库中没有该信息)。信息索取者可以向资源平台发送申请共享信息的请求,资源平台接收到共享申请后,通知审核人员对共享申请进行审核。审核人员完成共享申请的审核后,对通过审核的申请,平台进一步向共享信息发布人员发送通知,共享信息发布人员接到通知后发布特定信息。信息发布人员在数据库平台中检索的该信息如果仍不存在,可以要求信息提供人员提供信息,收到信息后再由共享信息发布人员负责发布到共享库中。

档案信息提供人员也可以主动要求信息共享。由档案信息提供人员向平台提供信息并发出共享申请,数据库平台收到共享申请后,通知审核人员,审核人员对共享申请以及待共享的档案文档内容进行审核后,给出审核结果。平台依据审核结果发出通知,当审核通过时,通知档案共享信息发布人员发布共享信息,未通过的档案信息则不予以发布共享。平台共享结果要通知档案信息提供人员。

第四章 档案管理信息化保障体系建设

第一节 宏观管理保障体系

档案信息化是档案事业发展的战略举措，也是档案工作现代化的立体战役。为了确保这项工作循序渐进、卓有成效，需要自上而下地进行总体规划和精心地组织实施。

一、档案信息化规划

档案信息化规划是档案行政管理部门针对档案信息化事业发展制定的全局性、长远性谋划，是对发展目标、任务、措施的宏观思维、精准描述和权威部署，是反映发展规律、驾驭发展大局、破解发展难题的顶层设计，具有定位目标、激发士气、凝聚人心、统一步伐的作用。

（一）规划制定的原则

1. 统揽全局的原则

规划首先要明确档案信息化的指导思想、基本目标、工作任务、措施步骤、保障体系、评价指标等。档案信息化规划要有前瞻性、系统性、严肃性、权威性和操作性。在目标的确定上既要起点高，又不能不切实际地盲目拔高；在任务的确定上既要全面覆盖，又要重点突出；在措施的确定上既要宏观布局，又要微观落地；在保障体系的确定上既要营造动力机制，又要设定约束机制；在评价指标的确定上既要定性，又要尽可能定量。特别要做到与本单位档案事业发展规划和本地区信息化发展规划相衔接，争取取得组织、资金和人力上的支持。为了落实好规划，要建立集规划制订、协调、监督、意见反馈、补充完善于一体的规划执行机制。通过落实责任、考核和目标管理，努力实现预定的信息化蓝图。

2. 分步实施的原则

档案信息化涉及面广，工作量大，制约因素多，因此在制定规划时，要充分考虑国家、地区信息化战略的实施进度、档案信息化的近期需求、档案基础工作条件、管理制度和业务规范的配套情况，以及经费、人力的投入能力等。要在全局性、长远性目标的指导下，根据需要和可能，将总目标分解为若干阶段性目标，以便分步实施。阶段性目标要处理好前后衔接关系，每一阶段的目标任务既要继承前阶段的成果，又要为后阶段创造条件。特别要将档案信息资源建设列入阶段性目标的主要任务，并提出量化的指标要求，如电子文件归档和传统存量档案数字化应当达到多少百分比等。

3. 需求驱动的原则

长期以来，信息技术领域有一句行话"以需求为导向"，它是信息技术应用的一条重要规律。现代信息技术几乎无所不能，然而只有与特定的需求相结合，才能实现信息化的价值。需求决定计算机应用的发展方向、检验标准和实际效能，是信息系统建设的出发点、归属点和动力源泉。不重视需求或找不准需求，必然使档案信息化偏离正确的轨道，甚至付出沉重的代价。

4. 突出重点的原则

所谓突出重点，就是规划要满足重点需求。需求是一个相当具有"弹性"的概念，在分类上有：一般需求和主要需求、潜在需求和现实需求、表面需求和本质需求、当前需求和长远需求等。突出重点就是要在调查研究的基础上，分析出和把握住主要需求、现实需求、本质需求、当前需求和紧迫需求。因此，在制定规划时，要从本单位、本行业的实际出发，以问题为导向，以必要性和可行性统一为基础，找准需求，定义总目标和阶段性目标，一步一个脚印地有序推进档案信息化工作。

（二）规划制定的步骤

1. 组织机构

档案信息化规划的制定事关大局、事关长远，应当建立由单位主要领导主持，信息化管理人员、相关业务技术人员和档案管理人员参加的规划起草小组，具体负责规划制定的全过程工作。为了开阔眼界，借用外力，还可以聘请外单位有关档案信息化的专家，对规划起草人员进行培训，对起草工作给予咨询、审核、把关，或直接负责规划的撰写工作。

2. 调查研究

调研主要包括四个方面：一是对国际、国内、本地区、本行业档案信息化发展战略和规划的调研，了解其对档案信息化目标、任务、措施的定位，以便为本单位规划制定提供参考。二是对同行业或相近行业档案信息化的先行单位进行调研，以便学习和借鉴他们的成熟经验。三是对社会信息化发展状况进行调研，了解其软硬件技术发展水平，以及哪些技术适用于本单位。四是对本单位档案工作和档案信息化需求进行调研，发现和分析存在的问题，研究利用信息化手段破解问题的对策。

3. 撰写规划

对调研结果进行归纳总结，撰写调研报告。根据调研报告撰写规划大纲，并征求有关领导、专家或业务技术骨干的意见。根据拟定的规划大纲，撰写规划初稿。初稿完成后组织专家进行科学性和可行性论证，并广泛征求机关各业务部门和相关单位的意见，修改完善后交本单位领导审核、签发，然后正式发布。

4. 规划发布

规划发布时要一并提出规划执行的指标要求、进度要求和责任要求，并按照"言必信，行必果"的要求，跟踪规划的执行情况。

（三）规划的主要内容

1. 回顾总结

回顾总结本单位档案信息化的进程、现状，取得的基本经验或主要体会，以及存在的主要问题。对于尚未建立档案管理信息系统的单位可以总结本单位档案工作的现状，以及为档案信息化创造的基础工作条件，如档案制度化、标准化建设，档案资源建设、档案人才队伍培养等。

2. 目标定位

目标是对档案信息化建设预期前景和效果的描述。目标可以分为总体目标和具体目标两部分。目标定位要有以下"五个度"：①高度，即体现高起点、高标准、高水平；②宽度，即做到档案业务工作的全覆盖；③深度，即要致力解决发展中遇到的热点、难点问题；④亮度，即要有创新点和闪光点；⑤温度，即要满怀热情地贴近时代、社会、生活、百姓。总目标的实施周期应尽量与本单位发展规划相吻合，一般为五年。

3. 任务部署

任务是对目标的细化。目标一般比较原则、概括和宏观，任务则要尽量具体和微观。任务一般按档案信息化的要素细分，包括基础设施建设、信息资源建设、应用系统建设和保障体系建设等。任务部署要尽量做到定时、定量，如纸质档案数字化工作每年要达到多少页、占馆（室）藏总量的百分比是多少等。

4. 措施落实

措施是指实施档案信息化的必要条件，一般包括人员观念的改变、档案基础工作的跟进、技术平台的建设、信息安全的落实、资金持续投入以及人才队伍培养等。其中档案基础工作部分要特别强调"兵马未到，粮草先行"，即提前、重点做好电子文件归档、纸质档案数字化工作。

二、档案信息化组织

制定科学的规划是档案信息化的起点和前提，它使信息化建设者在目标、任务、措施等方面达成了共识、统一了步骤。接着，就需要通过强有力的组织，即通过指挥、协调、监督、指导、服务等管理方式和行政手段，确保规划的贯彻落实。执行力不足会使一个好的规划流于形式，创新规划的执行体系和执行手段，是提高规划的权威性和约束力的关键举措。

（一）思想观念更新

档案信息化是新形势下档案工作顺应潮流、抓住机遇、加快发展的重大战略。规划是战略实施的顶层设计，是长远性、全局性的谋划，是避免战略实施随意性和盲目性的有效举措。只有充分认识规划实施的重要意义，才能增强实施规划的责任心和自觉性。

同时，要认识到实施规划要有新思路、新对策。要改变过去重规划、轻实施，重技术、轻管理，重平台建设、轻资源建设，重档案科研、轻成果应用等片面的、落后的观念，以崇尚科技、重视改革、锐意进取、尊重人才、创新务实、真抓实干的新思路、新对策，来破解规划实施中的难题，化解来自各方面的阻力，推进规划的顺利实施。

（二）组织体系创新

档案信息化应当是"一把手工程"，必须由机构的主要领导分管档案信息化工作，并建立集规划、执行于一体的档案信息化主管部门，才能及时高效地协调处理档案信息化建设中遇到的复杂关系，避免因多头管理而造成政出多门、相互推诿的现象。

档案信息系统的建设和运行涉及与外界系统的互联。前端与办公自动化互联，确保对归档电子文件的前端控制。后端与本单位各种业务系统互联，确保为社会或本单位行政业务系统提供档案信息服务。单靠档案部门难以处理与档案外部系统的关系，必须由本单位主要领导牵头挂帅，才能做好跨部门的组织协调工作。因此，各单位分管档案工作的领导应当同时分管档案信息化工作，负责实施档案信息化规划的各项组织工作，负责将规划实施列入本单位信息化发展规划和年度计划，使这项工作在机构、岗位设置，人员、经费投入等方面得到满足，保障规划的实施。

（三）管控措施到位

档案行政管理部门要对规划的实施采取有力的管控举措。

1. 要保持规划的权威性和严肃性

对已经列入规划的每项任务都要"言必信、行必果"，对规划后未执行的任务要追究原因和责任；按照规划制定有关项目的实施方案，规定具体的实施内容、进度、要求，一抓到底，直至见效；将规划实施的组织、协调、监督、指导纳入档案工作的法规、制度、标准、规范系统中去，纳入行政部门工作的职责和考核办法中去，通过档案法治和行政的手段，防止发生档案信息化不作为或乱作为现象。

2. 要夯实档案信息化的各项基础工作

档案信息化建设的重点是档案信息资源建设。为此，要围绕档案信息资源管理的目标和任务，扎扎实实地做好传统文件和电子文件的积累、归档，以及归档后的档案鉴定、分类、组卷、著录、编目、数据录入、档案扫描、档案保管、档案划控等基础工作，利用数据库技术，建立起大规模、高质量的档案信息资源总库，为档案信息系统运行提供优质的信息资源。

3. 要确保规划实施的各项投入

切实按照规划要求落实软硬件网络平台、应用系统、数据资源、人才队伍、保障体系等各项建设任务。对建设项目的完成情况和实用效果进行科学的评估，并将评估的结果列入档案信息化建设单位业绩考核的指标。资金投入要避免重硬件投入、轻软件投入，重技术性投入、轻管理性投入，重一次性投入、轻持续性投入的倾向，使资金投入在发展阶段、发展要素、发展层次上，有合理的结构比例。

（四）科研教育跟进

鉴于档案信息化具有知识密集和技术密集的特点，档案科研和教育已成为档案信息化的两个重要支柱。为了更好地发挥科研工作对档案信息化的引领作用，要加强对档案信息化项目的选题指导、立项审查、实施跟踪和结题评审等环节的全过程管理。对不可行的项目在立项阶段就予以否定；对科研项目的结题评审要严格把关；对重点科研项目要组织各方力量联合攻关，特别要加强档案局（馆）、高校档案学专业和信息技术开发公司之间的联合，从档案专业和计算机技术的紧密结合上提高科研成果的质量。要加大档案信息化科研成果的推广力度，充分发挥理论成果对实践的指导和引领作用。要采取有效的行政手段和考核措施，大力推广集成化、通用化的数字档案室和数字档案馆应用系统，彻底改变过去各自为政、重复建设、自成体系、难以互联的粗放型发展模式。

第二节 标准化规范与信息安全保障体系

一、标准化规范保障体系

（一）标准规范建设的原则

制定我国档案信息化标准规范，要符合中国国情，符合国家信息化工作的基本方针，同时要注意与相关国际标准和发达国家档案信息化标准的衔接，并且遵循以下原则。

1. 适度超前原则

档案信息化标准是对档案信息化建设过程中出现的各种重复性事物和概念所做的统一规定，标准的对象在档案信息化建设中是随着时间的变化、技术的更新不断变化的。因此，在档案信息化标准规范建设过程中，要考虑信息时代和网络环境的变化，要有前瞻性和预见性，能在一定程度上预测社会和技术的发展方向，并充分考虑相关标准的制定时机，坚持适度超前原则。标准的制定时机过于超前，可能会使标准因缺乏实践基础而偏离主题，甚至给档案信息化工作造成误导；过于滞后，则会造成大量既成事实的不统一，需要耗费大量的人力、物力进行返工统一。档案信息化标准规范建设，要在有初步经验的基础上，根据现实情况并结合未来档案信息化发展状况开展相关工作。

2. 坚持开放原则

当今社会是一个开放的社会，各行业的开放程度、行业之间的交叉融合程度越来越高。在进行档案信息化标准规范建设过程中，应自始至终坚持开放性原则。

（1）要采纳各种开放标准

开放标准是指那些知识产权明确属于公共领域、采用开放语言和标准格式描述、有可靠的公共登记和持续的维护机制、有可靠的开放转换和扩展机制、公开发布详细技术文件并可公共获取的标准规范。在档案信息化标准规范建设过程中，首先应考虑采用开放标准，既可以避免重复劳动，又可以保证较高的标准化水平。

（2）要采纳各种国际标准

国际标准是由国际标准化组织所制定的标准，是由世界各国的专家参与制定的，它含有大量科技成果和成熟的管理经验，代表着当代科学技术和生产管理水平。档案信息化建设并不是我国独有的工作，世界各国的同行们都在进行这一项工作，其中不乏一些起步较早、水平较高的档案信息化建设案例。

（3）要参照相关专业的信息化标准

"他山之石，可以攻玉。"档案工作与图书馆工作、情报工作、博物馆工作等相关专业工作存在着一定的相似性。在进行档案信息化标准体系建设过程中，应当充分吸收相关专业在信息化标准建设方面的成功经验，尤其是图书馆在信息化标准体系建设方面较成功的经验。

（4）要考虑与相关标准的兼容性

在制定本单位、本行业标准规范时，要注意处理好和国际、国内信息界相关标准规范的兼容关系，还要注意和其他相关领域，如电子政务、数字图书馆建设之间的兼容关系，特别要处理好与国际、国家、行业、区域有关标准规范之间的兼容关系，以便在档案信息系统建设后能与其他相关系统顺利衔接，资源共享。

3. 动态管理原则

档案标准化过程并非一蹴而就，而是需要在实践中不断补充、提高、扩展。动态性原则是指要根据档案信息化建设的实践发展，对标准不断进行修订、充实和完善。档案信息化建设是一个长期的过程，在这个过程中，标准规范的对象会随着时间的变化而不断发生变化。特定的标准是根据特定的时间、特定的环境、特定的对象制定的，虽然要求标准制定者在制定标准时，要充分考虑到未来的变化，但是预测可能会有变化与偏差。因此，标准制定完毕后，要根据实施情况及规范对象的变化及时进行修订。对于不适应实际的标准，要及时废止；对于部分不适应，要及时部分更新。标准规范的制定或修订既要针对档案信息化出现的新情况和新问题，又要尽量继承以前标准规范的条款，保持标准的稳定性，避免大起大落，以免使实践工作无所适从，陷于被动。

（二）标准规范建设的主要内容

档案信息化标准规范建设可以从管理、业务、技术和评价等层面来制定和推行。

1. 管理性标准规范

管理性标准规范是对电子档案信息资源建设和档案信息化建设、运行维护工作进行管理的一套规则，包括计算机安全法规与标准、数字档案信息资源合法性的确认等，它需要国家档案行政管理部门统一制定并推广实施，以保证电子档案信息的统一规范和资源共享。

档案信息化管理性标准规范包括两个方面：一是对人的管理性标准，主要是指对与档案信息化建设相关的人员进行管理的标准，包括档案工作人员管理标准、软件设计人员管理标准、用户管理标准、用户角色控制标准、用户权限审批标准等，明确档案工作人员的职责和任务以及用户的权利和义务，以保证档案信息化建设各项工作的正常开展。二是对物的管理性标准，主要是指对数字档案信息资源实体的全过程规范化管理，以及对信息化设备，如机房、硬件、软件存储载体的规范化管理，主要规范这些资源可以给谁用、如何使用和如何保管的问题。

2. 业务性标准规范

业务性标准规范是对档案信息化及电子档案业务处理进行的规定，解决业务操作行为不统一的问题。其范围包含与档案信息化相关的术语标准；档案信息采集标准，包括数字信息资源建设所涉及的数字化加工、元数据、资源创建、描述等；信息管理标准，包括数字信息资源组织、资源互操作等；信息利用标准，包括数字信息资源检索、服务等；信息存储标准，包括数字信息资源长期保存等；电子档案的术语标准及管理规范，包括电子档案的基本术语、资源的标识、描述电子档案的文件格式、元数据格式、对象数据格式等。

3. 技术性标准规范

技术性标准规范是对档案信息化及电子档案管理有关技术应用进行的规定，主要解决技术应用不适当而导致的质量问题。其范围包括硬件基础设施建设技术标准、软件系统工作平台技术标准、数据存储压缩格式规范、数据长期保存格式规范、数据加密算法规范、网络数据传输规范、数字水印标准等。

4. 评价性标准规范

评价性标准规范是对档案信息化及电子档案管理的成果和效用进行评判的指标体系，包括档案信息系统（包括数字档案室、数字档案馆、电子文件归档管理等系统）的研制、档案信息资源的开发和利用、信息安全、信息技术应用的广度和深度、信息化人才开发、信息化的组织和控制、信息化的效益等评价的标准。其中信息资源开发和利用应该是测评指标体系中的重要部分，可细化为馆（室）藏档案数字化的数量、多媒体编研成果的种类和数量、数字信息的提供利用方式、数字档案的利用频率等。

二、信息安全保障系统

（一）档案信息化安全管理体系

档案信息安全是基于技术的管理工程。从管理层面上讲，就是要确保档案信息的安全，必须在风险分析的基础上确立档案信息安全的策略、方针和目标，成立相应的管理机构，确立合理的管理机制，制定安全管理计划，分解安全管理职责，执行安全管理制度和管理标准，建立并实施完善的档案信息安全体系。因此，风险识别与风险评估是档案信息安全管理的基础，风险控制则是安全管理的最终目的。

1. 档案信息安全系统管理模式

新的风险在不断出现，档案信息系统的安全需求也会随之不断变化，因此安全管理应是动态的、不断改进的持续发展的过程。档案信息安全管理模型可选择 PDCA 模式，即计划（Plan）、执行（Do）、检查（Check）和行动（Action）的持续改进模式。采用 PDCA 管理模式，每一次的安全管理活动循环都是在已有的安全管理策略指导下进行的，每次循环都会通过检查环节发现新的问题并采取行动予以改进，从而形成安全管理策略和活动的螺旋式提升。

把 PDCA 管理模式与安全要求、风险分析有机地结合在一起，考虑了信息安全中的非技术因素，同时加强了信息安全管理，具有广泛的适用性。

2. 档案信息安全系统管理的具体实施

在档案信息安全管理模式中，档案信息安全管理中心是整个系统的核心，每一个环节都要定期地与档案信息安全管理中心进行安全信息交流，当档案信息安全管理中心认为有必要对其安全目标进行修改时，要及时向上级领导汇报，等待最终的定夺。

（1）完善组织机构

有条件的档案部门可以成立档案信息安全管理中心，负责实施和监控整个档案信息安全管理活动。安全管理中的每一个环节都必须与安全管理中心进行信息交流，安全管理中心还具备评价数字档案信息安全管理体系运作情况的功能，可以对安全方针、安全制度和安全措施的实施结果进行调查，并分析这些安全举措对档案信息安全的影响，然后提出相应的改进方案。数字档案信息安全管理中心由部门领导、信息管理专家、信息技术专家和技术雄厚、人员稳定的开发队伍以及有关的工作人员组成。

(2) 进行风险评估

档案部门必须清楚档案信息系统现有以及潜在的风险，充分评估风险可能带来的威胁和影响，这是档案信息化建设必须首先解决的问题，也是制定信息安全策略的基础与依据。进行风险评估，不只在明确风险，更重要的是为数字档案信息安全管理提供基础和依据。

风险评估是一项费时、需要人力支持和相关专业或业务知识支持的工作。风险评估应遵循以下原则：①安全、风险和成本均衡分析原则。即用最小的成本达到适度安全的需求。②整体性原则。运用系统工程的原理进行网络信息安全的整体解决方案设计，以达到完整性的要求。③可用性和易操作性原则。信息安全系统对于操作者应该是可用的，操作应该是简单易行的。④适应性和灵活性原则。安全策略必须随着网络性能和安全需求的变化而变化，适应性强，易修改。

(3) 制定安全策略

制定档案信息的安全策略，要在完善配套、科学合理的有关数字档案信息安全的法制和标准体系下，通过有效的信息安全技术和安全管理遏制来自外部和内部的攻击，增强安全防护能力和隐患发现能力，确保数字档案信息资源内容和信息载体的安全，达到所需的安全级别，具体安全策略可分为内部建设安全策略和网间互联安全策略等，循序渐进逐步加以完善，最终形成功能强大的数字档案信息安全管理体系。

制定安全策略时不能脱离实际，过于理论化或限制性太强的安全策略可能导致工作人员的漠视。因此，在安全策略制定时必须遵循以下原则：越符合现状越容易推行，越简单越容易操作，改动越小越容易被接受。档案信息安全策略需要根据信息技术发展、自身的安全需求进行不断的修改和更新，以保证档案信息安全不受新的信息安全风险的影响。

(4) 开展数字档案信息安全管理培训

开展数字档案信息安全培训是档案信息安全管理体系的重要环节之一，特别是各关键岗位的人员，对档案信息的安全起到重要作用。在实际工作中，大部分档案信息安全问题都是由人为因素造成的。人本身就是一个复杂的信息处理系统，还会受到自身生理因素和心理因素的影响，受到技术熟练程度、责任心和道德品质等多方面的影响。因此，对于档案部门工作人员的培训不应是"一次性"的活动，需要定期对人员进行安全策略及安全技术的"应知、应会"培训，尤其是安全策略更改或面临新的安全风险、部署新的安全解决方案之后，更要对其加强培训，以保证安全策略的有效程度。

(5) 贯彻执行管理决策

管理决策的贯彻执行必须依靠人来完成，虽然档案信息安全保障体系的建设涉及档案部门各个方面的因素，但归根结底的因素是人。没有机构人员的认可、理解与支持，就没有实施数字档案信息安全管理保障体系的前提；没有档案部门的有力组织协调，则很难保证信息系统建设的顺利进行；没有相关实施人员的互相配合和出色工作，无法使信息系统中各模块的信息无缝集成；没有具体业务人员及时准确地收集各种基础信息，就没有信息系统的输出；没有资深咨询顾问的正确指导，信息系统实施就难免多走弯路，甚至有可能失败。

（6）持续完善管理体系

首先，确定待评价系统的边界和范围，明确评价的目的，以系统整体为立足点，总体分析各方面的效益与成本，及其与系统各构成部分的关系；其次，确定待评价系统的状态与所处的阶段，如可行性分析、总体设计、系统开发与运行等各阶段；再次，选择适当的评价方法，如结果观察法、类比—对比法、专家评价法或评分法等，确定适当的评价指标；最后，收集有关数据、资料进行分析、计算，得出评价结果，并将评价结果书面化。根据评价结果进行不断完善，提高档案信息安全管理体系及具体实施过程的有效性和效率，以满足自身用户和其他相关方日益增长和不断变化的需求与期望。

（二）档案信息化建设管理安全技术体系

档案信息安全在技术方面主要采用信息加密技术、信息确认技术、访问控制技术、病毒防治技术、审计技术、防写技术等。

1. 信息加密技术

加密是保障信息安全最基本、最经济的技术措施，也是大多数信息防护措施的技术基础。加密的作用是防止敏感的或有密级限制的信息在传输过程中泄密。

文件加密所采取的加密算法形形色色。据不完全统计，已经公开发表的加密算法多达数百种。电子文件加密的基本过程是：存储或传输前将原先借助相应的软件可以识读的数码序列（称为明文）通过数学变换（加密运算）变成无法识读的"乱码"（称为密文或密码）；利用时再通过数学变换（解密运算）将"乱码"还原成可以识读的数码序列。其中，加密运算和解密运算都是在一组密钥控制下进行的，密钥是控制加密算法和解密算法实现的关键数据。

密钥对非授权者是保密的，因此可防止非法用户破解密钥而窃获文件内容。根据文件加密和解密时所使用的密钥是否相同，加密算法可以分为对称加密解密法和非对称加密解密法两种。

在对称加密解密法中，加密密钥和解密密钥是相同的，或者知道其中一个密码就可以方便地推算出另外一个密码，因此密钥必须绝对保密。问题是，在发送加密文件之前首先通过安全渠道将密钥分发到双方手中，其传递中很容易造成密钥泄漏。而且，如果某涉密文件分发的单位多，密钥的安全控制会有很大的难度。这种方法在对涉密文件进行静态管理时比较有效，如自己撰写的保密文件给自己使用，防止被人偷看。Word、Excel 文件的加密就是采用对称加密解密法。

然而，如果涉密文件需要传输，特别在大范围传播时，就需要用下面的方法。

非对称（又称双钥）加密解密法中，加密方和解密方使用的密钥是不相同的，密件经办人需预先准备两把钥匙，一把公钥，一把私钥。当发送密文时，发送者使用收文者的公钥，将文件加密后发给收文者，收文者收到密文后，用自己的私钥解密文件。由于只有拥有该私钥的收文者才能解密这份文件，所以文件的传递过程是安全的。

2. 信息确认技术

对于纸质文件，以往用书面签署或签印的形式将责任者名或责任者特征（如指纹）固化到文件载体上，借助纸质文件载体与内容的不可分离性来证明文件内容的原始性和真实性，使文件具备法律效用。这种方法显然不适于不具有恒定载体的电子文件。对于虚拟流动的电子文件，信息确认技术起到了相当于签署纸质文件的作用。

信息确认技术是通过一定的技术手段防止文件的内容被非法伪造、篡改和假冒，同时用来确认文件的发出、接收过程及利用者身份和权限的合法性。完善的信息确认方案应能实现以下四个目标：第一，合法的文件接收者能够验证其收到的档案文件是否真实；第二，发文者无法抵赖自己发出了所发的文件；第三，合法发文者以外的人无法伪造文件；第四，发生争执时，具有仲裁的依据。

实现上述目标需要综合采用多种技术手段，目前常用的有数字摘要技术、数字签名技术和数字水印技术。

（1）数字摘要技术

文件的发送者采用某种特定算法（摘要函数算法）对发文进行运算，获得相应的摘要（即验证码），摘要具有这样的性质：如果改变发送文件的内容，即便只是其中一个比特，获得的摘要将发生不可预测的改变。摘要将作为发送文件的一部分附加在文件后一起发出，接收者则利用双方事先约定好的摘要算法对收到的文件做同样运算，并比较运算所得的摘要与随文件发送来的摘要是否一致，以此鉴定收到的文件是否在发送过程中受到篡改。如果摘要函数（相当于前面的密钥）仅为收发文件的双方所知，通过上述报文认证即可达到信息确认的上述四个目标。这种方法的缺点是：因收发文双方使用相同的摘要函数，因而摘要函数本身的安全保密性是一个很大的问题，多次使用的摘要函数一旦被第三者窃获，报文认证便不再安全。

（2）数字签名技术

从技术上看，数字签名是非对称加密技术的一种，其基本原理类似于上述报文摘要技术。首先，签名者使用签名软件对拟发送的数据电文（电子文件）进行散列函数运算，生成报文摘要；然后，由签名软件使用签名者的私钥对摘要进行加密，加密后的报文摘要附着在电子文件之后，连同签名者从认证机构处获得的认证证书（用以证明其签名来源的合法性和可靠性）一同传送给文件接收者。文件接收者在收到上述信息后，首先使用软件用同样的散列函数算法对传来的电子文件进行运算，生成报文摘要，同时使用签名者的公钥对传送而来的报文摘要进行解密，将解密后的报文摘要和接收者运算生成的报文摘要进行比较，如果两个摘要一样，就表明接收者成功核实了数字签名。在核实数字签名的同时，接收者的软件还要验证签名者认证证书的真伪，以确保证书是由可信赖的认证机构颁发的。经核实的数字签名向文件的接收者保证了两点：第一，文件内容未经改动；第二，信息的确来自签名者。

签名者所用的数字签名制作工具（公钥、私钥、散列函数、软件等），不是由签名者自行制作的，而是由合法成立的第三方电子认证服务机构在充分验证发文者真实身份后提供的。电子认证服务机构颁发的数字签名制作数据及认证证书相当于网上身份证，帮助收文、发文者识别对方身份和表明自身的身份，具有真实性和防抵赖功能。与物理身份证不同的是认证证书还具有安全、保密、防篡改的特性，可对电子文件信息的传输提供有效的安全保护。

（3）数字水印技术

数字水印类似于传统印刷品上的水印，用以鉴别电子文档的真伪。数字水印技术是在传输的文本、图像、音频、视频等电子文件中附加一个几乎抹不掉的印记，无论文件作何种格式变换或处理，其中水印不会变化。该印记在通常状态下隐匿不现，除非用特殊技术检测。

一旦这种水印遭到损坏，文件数据也会受到破坏。上述信息确认技术的实质是，文件发送者将签署信息（加密运算方法）以不可分离的方式与文件内容（而不是纸质文件的载体）"编织"一体，使他人无法在不改变签署信息的前提下改变文件内容，或者相反（就像无法不改变载体而改变纸质文件上的内容一样），而收文者则通过验证其信息内容中的签署信息来证实文件内容的原始性和发文者的原真性。

3. 访问控制技术

访问控制是信息系统安全防范和保护的主要策略，其任务是杜绝对系统内电子文件信息的非法利用和蓄意破坏。访问控制技术种类繁多，且相互交叉，主要有以下两类。

（1）防火墙

防火墙是设置在被保护文件系统和外部网络之间的一道屏障，以防止发生不可预测的、潜在的、破坏性的侵入，它可通过监测、限制跨越防火墙的数据流，尽可能地对外屏蔽系统内部的信息、结构和运行状况，实现内部网络的安全保护。防火墙可分为外部防火墙和内部防火墙，前者在内部网络和外部网络之间建立一个保护层，以防止"黑客"的侵袭，挡住外来非法信息，并控制敏感信息被泄漏；后者将内部网络分隔成多个局域网，以此控制越权访问。防火墙可以是一个路由器、一台主机，也可以是路由器、主机和相关软件的集合。

电子文件系统在选择、使用防火墙时，应对防火墙所采用的技术、种类、安全性能及不足之处有充分认识。

第一，认真权衡防火墙的安全性能和通信效率，在文件安全和方便利用两者之间将安全放在第一位。

第二，对于中小型的文件管理系统，如果系统内外交换的信息量不是很大，信息重要程度属于一般，可以采用数据包过滤和代理服务型防火墙；而对于大型文件管理系统或信息安全要求较高的系统，可以考虑采用复合型防火墙。在系统安全和投资费用之间应进行权衡，不可不计代价地追求超出可能风险的安全性。

第三，对防火墙进行管理时，除了解防火墙的益处之外，还应了解防火墙自身的局限与不足。

第四，使用防火墙对外隔离时，不能忽视防火墙内部的管理，因为许多攻击来自内部。必要时可设置第二道防火墙，使内部网络服务器对内也被隔离（但这样会大大降低系统的效率）。

第五，为更好地保护文件管理系统，尽量考虑采用国内自主研发的防火墙产品。

第六，防火墙属于信息安全产品，国家规定实行强制认证，在文件管理系统中使用的防火墙必须是经国家认证的产品。

（2）身份验证

为防止未经授权的用户操作文件管理系统中的各类资源，通常在用户登录或实施某项操作之前，系统将对其身份进行验证，并根据事先的设定来决定是否允许其执行该项操作。验证过程对用户而言就是要提供其本人是谁的证明。身份验证的方法很多，并且不断发展。但其验证对象有三：所知信息（如口令）、所持实物（如智能卡）、所具特征（如指纹、视网膜血管图、语音等）。口令是最普通的手段，但可靠性不高，智能化的"口

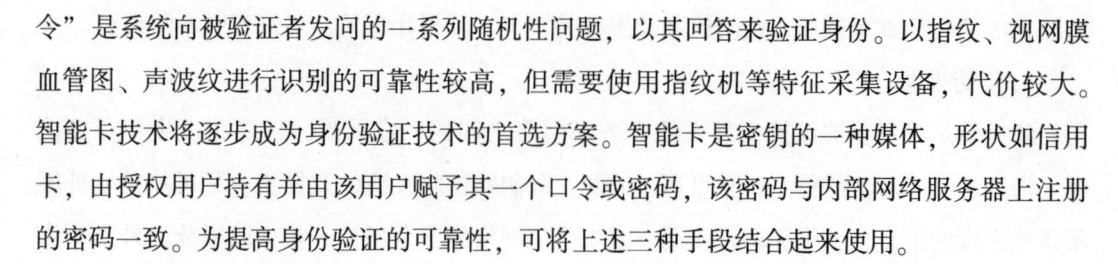

令"是系统向被验证者发问的一系列随机性问题，以其回答来验证身份。以指纹、视网膜血管图、声波纹进行识别的可靠性较高，但需要使用指纹机等特征采集设备，代价较大。智能卡技术将逐步成为身份验证技术的首选方案。智能卡是密钥的一种媒体，形状如信用卡，由授权用户持有并由该用户赋予其一个口令或密码，该密码与内部网络服务器上注册的密码一致。为提高身份验证的可靠性，可将上述三种手段结合起来使用。

4. 病毒防治技术

即使采用防火墙、身份验证和加密技术，文件系统仍然可能遭到病毒的攻击。

防治病毒包括两个方面：一是预防，在系统或载体未染毒之前采取有效措施，防止病毒感染。二是杀毒，在确认系统或载体已染毒后彻底将其清除。防毒是根本，杀毒则是补救措施，普遍使用的是以特征扫描为基础的杀毒软件。

5. 审计技术

审计技术旨在记录电子文件运行处理的全部过程，抑制非法使用系统的行为。采用审计技术的电子文件管理系统将自动记录下系统运行的全部情况，形成系统日志。系统日志类似于飞机上的"黑匣子"，是系统运行的记录集，内容包括与数据、程序以及和系统资源相关的全部事件的记录，如机器的使用时间、敏感操作、违纪操作等。审计记录为电子文件真实性的认证提供了最基本的证据，借助系统日志，管理员可以分析出系统运行的情况，追踪事件过程、排除系统故障、侦察恶意事件、维护系统安全、优化对系统资源的使用。

6. 防写技术

防写技术是保障电子文件内容不被修改所采取的安全技术，其目的是通过技术手段来固定处于静态的电子文件的内容信息。大多数文件管理系统具有将运行其中的文件属性设置为"只读"状态的功能，在只读状态下，文件内容只能读取，不能更改，除非具有高级权限的用户来更改文件的"只读"属性。另一个简单的技术手段是将文件内容刻录到CD-R光盘、WORM磁盘等一次性写入存储介质上，这些不可逆式（无法改写已写入的内容）的存储载体有效防止了对静态电子文件内容的改动，保证了电子文件的真实性和完整性。

第三节　人才队伍与信息技术保障体系

一、人才队伍保障体系

（一）档案人才队伍的素养要求

1. 创新思想观念

观念虽然无形，但是对提升档案信息化人才的决策能力和执行能力具有决定性的作用，因此需要培育以下七种新思维。

（1）开拓思维

树立追求理想、崇尚科技、奋力改革、不断开放、不畏艰险、不甘落后、奋勇拼搏、图存图强的开拓意识，破除守旧、畏难、不作为的落后意识。

（2）战略思维

战略是对事业发展全局性、长远性的谋划，战略眼光是大视野，战略目标是大手笔。为此要将档案信息化和社会发展的大趋势，如改革开放、经济繁荣、知识管理、文化传播等紧密联系起来，形成科学的"顶层设计"，自上而下、积极稳步地组织和推进档案信息化工作，改变过去各自为政、分头重复建设的粗放型发展格局。

（3）策略思维

策略是又快又好地实现战略目标的最佳路径。当前针对档案信息化的薄弱环节，应当实行"内合外联"的策略，即对内实行档案技术和信息资源的整合，以整合的实力提升外联的能力；对外实行与外部信息系统的外联，将优质档案信息资源接收进来、辐射出去，使档案信息系统成为社会信息的集散枢纽。

（4）人本思维

档案信息系统要真正做到"以用户为中心"，即以档案利用者和档案工作者应用度、满意度作为信息系统建设的出发点和归属点。为此，信息系统要尽可能满足用户，特别是社会大众的需求，且做到操作简便，界面友好，富有人性。

（5）开放思维

网络化是一个开放的平台，只有开放才能充分发挥网络化的优势。因此，档案信息系统要积极致力于与各种社会信息系统互联互通、无缝对接，在互联中获取更多的数字档案资源，在网络化服务中提升档案工作的社会影响力和认可度。

（6）忧患思维

电子档案的存储密集性、传播快捷性、技术依赖性和表现虚拟性，使其失真、失全、失效、失密的风险日益增大，而且数字化带来的灾难往往具有一瞬间、毁灭性的特点。因此，从事档案信息化建设工作要居安思危、未雨绸缪、警钟长鸣，一手抓技防，一手抓人防，两手都要硬。

（7）辩证思维

档案信息化会遇到许多矛盾的对立面和统一体，如资金的投入与产出、数据的存入与取出、配置的集中与分散、信息的共享与保密、文件的有纸与无纸、资源的增量与存量等，需要我们用联系的方式和发展的眼光去看问题，处理好对立统一的关系，避免非此即彼或顾此失彼的僵化思维方式。

2. 重构知识结构

按照档案信息化的需要，现代档案工作者的知识结构需要做以下补充：

（1）信息鉴定知识

信息时代的档案信息在规模上是海量的，在门类上是多维的，在价值上是多元的。档案工作者只有具备电子档案信息内容价值和技术状况的鉴定知识，才能及时、准确地捕捉和收集具有档案价值的信息，并根据其重要程度划定保管期限。

（2）科学决策知识

档案信息化迫切需要科学规划。档案工作者只有具备开展调查研究、制定科学战略规划和规划实施方案的能力，才能把握大局、把握方向、登高望远、运筹帷幄，避免信息化走弯路、受损失。

（3）宏观管理知识

档案行政管理是档案信息化的直接动力。档案工作者应当具备组织、指挥档案信息化工作的业务能力，有关档案信息化法规、制度、标准、规范的专业知识，以及从档案业务和信息技术的结合上依法行政的执行力。

（4）需求分析知识

档案信息系统建设需以用户为中心，需求为导向。为此，档案工作者应能对档案信息的现实用户和潜在用户、当前需求和未来用户需求、本单位内部需求和社会大众需求，进行全面的、前瞻的分析，并对档案信息系统的信息需求、功能需求和性能需求进行准确的描述和规范的表述。

(5) 系统开发知识

为了实现档案业务和信息技术的完美结合，档案工作者必须全程、深度参与档案管理信息系统开发。为此，档案工作者需要学一点软件工程的理论和软件开发的技术，学会用信息技术的专业语言与信息技术人员进行沟通，准确表达档案工作者对信息系统建设的需求。

(6) 系统评价知识

评价是系统维护和改进的前提。档案工作者要具备评价档案信息系统质量的能力，能从档案管理和计算机技术的专业角度，评价档案信息系统的间接效益和直接效益，评价系统管理指标、经济指标和性能指标，并能对系统存在的问题提出改进的意见和建议。

3. 提升操作技术

(1) 信息输入技术

能够采用传统的键盘输入技术，先进的语音、文字、图像识别输入技术，数据导入、导出转储技术，数码摄影、摄像技术，快速、准确地输入文字、图像、声音、视频等信息。

(2) 信息加工技术

能够采用信息检索工具，从指定的网页、服务器、脱机载体中采集档案信息；按照档案的形式和内容特征进行分类；按照档案的内在联系进行组件、组卷或组盘；采用自动或手工方式对档案进行著录和标引，以及对档案元数据进行采集、封装和管理。

(3) 信息保护技术

熟悉或掌握数据库管理、数据组织、数据迁移、数据加密、数字签名、脱机存储、网络访问控制、数据容灾以及维护电子档案真实性、完整性、有效性和安全性等技术。

(4) 信息处理技术

熟悉或掌握文本编辑、图像处理、视频编辑、文件格式转换、数据下载或上传等技术。了解或掌握档案多媒体编研技术，能围绕特定主题，将编研素材编辑制作出档案编研成果。

(5) 信息查询技术

能够按照用户查档要求，正确选择检索项、关键词、主题词、分类号，并正确组织检索表达式，对在线或离线保存的文本、超文本全文信息进行检索，并对检索结果进行打印、下载、排序、转发等处理。

(6) 信息传输技术

包括采用电子邮件、短信、微博、微信等手段接收和传播文本型、图像型、声音型、视频等各类档案信息。

4. 优化队伍结构

（1）研究型人才

档案信息化需要科学的理论指导，没有理论指导的实践是盲目的实践，脱离实践的理论是空洞的理论。研究型人才是理论的探索者和实践的导向者，其主要责任是：研究档案信息系统建设的理论；探索电子文件归档管理和电子档案科学保管、远程利用的方法；研究新技术、新方法在档案领域的应用；研究和开发先进的档案信息管理软件；提出电子文件和数字档案管理的标准规范；主持或参与档案信息化科研工作；从理论和实践的结合上指导档案信息化工作的开展；培养档案信息化建设人才。档案信息化研究者主要由档案信息化工作者和高校师生构成，他们有各自的优势，却又在理论或实践方面存在着各自的不足。最好是两方面研究者进行强强联合、优势互补，促进理论和实践的紧密结合和良性互动。

（2）管理型人才

档案信息化是复杂的系统工程，需要实行严格的目标管理和精细的过程控制。管理型人才的主要责任是：掌握国内外档案信息化建设的现状、经验教训、发展趋势；制定切实可行的档案信息化战略规划和实施方案；制定相关的管理办法和标准；组织、指挥、督促、指导本地区及本单位的档案信息化工作；协调档案信息化建设和其他外部信息系统建设之间的关系；培养和使用档案信息化人才资源；有效筹集和合理使用信息化建设资金等。各机构的档案信息化管理职能多数由档案管理人员担任，他们具有传统档案管理的理论知识和实践经验，但往往缺乏信息化知识和技能，又由于公务繁忙，缺乏接受信息技术继续教育的机会，可能造成档案信息化管理上的缺位或错位。他们亟待通过各种途径，提高现有档案行政干部的信息化素养。

（3）操作型人才

档案信息化涉及的环节多、操作性强，需要一大批既懂档案管理业务，又熟悉计算机操作技能的操作型人才。这类人才的主要责任是应用计算机网络技术，从事档案数据积累、归档、组卷（组件）、分类、编目、扫描、保管、鉴定、检索、数据备份等操作，他们的工作重复、枯燥，容易因疲劳、烦躁而出差错。而他们的工作责任心和操作能力，直接关系档案信息资源的安全、质量和价值。对他们的素质要求是具备强烈的信息安全意识、高度的工作责任心和熟练的操作技能。

（二）档案人才队伍建设的策略

1. 预测与规划

人才的引进与培养不可能一蹴而就。特别是从档案队伍中培养信息化人才需要较长的时间。为此，各单位要按照本单位、本行业档案信息化长远规划和可行条件，分析人才总量、结构、分布与需求的差距，对人才需要进行前瞻性预测，对人才引进和培养方式进行决策、制定计划、纳入编制，然后有步骤地引进和培养人才。规划时要综合考虑到人才的知识结构、技能结构和类型结构。

2. 组织与管理

（1）加强人才队伍建设工作

各机构要真正树立起科技是第一生产力和人才是"第一资源"的意识，把档案信息化人才队伍建设工作摆上重要议事日程，定期讨论研究，解决人才配备、培养、使用中遇到的难题。

（2）加强人才资源的行政管理

人力资源管理人员要注重发现有潜质的人才，将他们安排在适当的岗位，为他们提供施展才华的舞台；要培养人才的创业精神和实践能力，对在信息化建设中做出贡献者给予必要的奖励；要提供必要的工作条件，保障经费，加强对信息化人员的继续教育和岗位培训，提高他们的综合素质、服务意识和档案信息安全意识。

（3）加强督促检查，狠抓落实

定期对档案信息化人才队伍建设情况进行调查研究、督促检查。建立一套符合人才成长规律的工作制度，营造适合人才成长的良好氛围，为建设素质优良、结构合理、队伍稳定、技术精湛、经验丰富并具有敬业精神的档案信息化人才队伍提供各种支持条件。

3. 培养与使用

（1）人才培养途径

①对现有档案人员的教育与培训。

加强档案业务人员培训是解决档案信息化建设所需人才的主要措施，是提高现有档案人员信息化能力和技能的主要途径。

在培训方式方面，要把档案部门自主培训和社会辅助培训结合起来，发挥各方面的优势，增进培训效果。档案部门自主培训的方法包括：建立人才培训中心，根据实际需求分期分批地进行轮训，有条件的单位可以设立研究机构，培养高级信息人才。借助社会协助培养包括：利用高校优势，加大档案信息专业培训力度，与国内外教育或信息、技术机构合作建立人才培训中心，选拔有培养前途的档案业务人员到高校深造。

不管采取何种培训方式，首要的一点就是要有科学的规划和必要的投入。有了规划，人才培训机制才能得以建立，培训工作才能坚持始终。投入则是培训工作的资金保证，没有投入，即便有再好的规划，培训工作也难以落实。同时，要把档案信息化建设的实践作为锻炼队伍培训人才的过程，成为边学习、边实践、不断总结、不断提高档案业务人员信息化建设能力和实际操作技能的过程。

②引进人才。

档案信息化建设需要的信息技术、信息管理专业人才，很难在短时期内从档案工作者中培养。为了满足急用之需，需要从社会上引进IT人才。引进的人才一定要综合素质高，事业心、责任心强，信息技术能力强，团队协作意识强。为此，在引进人才时要严格审核，特别要考察其解决实际问题的能力，避免盲目引进。对引进的IT人才，要尽快使其掌握档案理论和业务知识。

③短期聘用人才。

IT人才也分各种层次和专长，他们适用于档案信息化建设的各个阶段和岗位，如系统分析员适用于系统建设的前期阶段。该阶段结束后，就不需要系统分析员了。因此，档案信息化建设中涉及的一些高级技术人才和纯技术性工作的人才，可以用外包、合作或聘用的办法加以解决。档案信息化建设所需要的法律人才、外语人才、多媒体编研人才、数据库管理人才、系统维护人才，也都可以采取这种方式解决。

(2) 人才的使用

档案信息化建设要想吸引人才、留住人才、调动人才为档案事业奉献的自觉性和主动性，就需要制定相应的人才吸引政策；关注和解决档案信息化人才的切身利益；给人才安排适当的岗位，使其发挥专长；给人才提供继续教育和实现自身价值的机会，真正做到以"事业留人""感情留人""适当的待遇留人"，真正做到人尽其才。

二、信息技术保障体系

(一) 新一轮信息技术发展的"四化"

当今时代，在社会需求的驱动下，信息技术的发展精彩纷呈，并呈加速度的态势。归纳起来有以下的"四化"。

1. 移动化

笔记本电脑、智能手机、移动电视、平板电脑,以及各种电子阅读器的迅速普及,加上各种无线、宽带互联网技术的迅猛发展,使包括多媒体在内的各种信息的处理、传播具有更强的移动性、便捷性、普及性。人们对信息的获取和使用已经全面进入了移动化时代。

2. 融合化

主流网络和先进终端设备的融合,加上 4G、5G 移动通信和 Wi-Fi 无线宽带技术的普及,以及包括多媒体、高清、数码压缩、流媒体播放等影像技术的飞速发展,使人们可以利用碎片时间上网工作、学习、交友、娱乐,从而使网络使用更加人性化、私密化、娱乐化、交互化、移动化,各种信息跨越时空,深入社会各领域,改变人类的生活方式。新兴的信息技术,包括云计算、大数据、物联网等都是融合技术,"互联网+"代表了融合的发展趋势。档案信息化要密切关注和应用新型信息技术的融合优势。

3. 虚拟化

虚拟技术是利用计算机模拟某种时空环境,使人们在虚拟环境中感受真实环境,从而省却了置身真实环境所需的资金投入或安全风险。如虚拟终端技术可将某应用软件推送到低配置的终端机上,终端机只需要浏览器,不用下载和安装软件,即可享用千姿百态的网络资源。虚拟终端、虚拟服务器、虚拟存储、虚拟桌面等技术迅猛发展,随着云技术的普及应用,虚拟技术与商业运作模式结合起来,必将迅速拓展到社会生活的各个方面。在档案信息化中,虚拟档案馆、虚拟档案室的应用将使数字档案馆、数字档案室建设向更加专业化、规模化、集成化和高效化方向发展,使未来档案信息系统以更低的成本和风险、更高的质量和效率运作。

4. 依存化

未来信息技术的应用都不是异军突起、孤军作战,各种新技术必将更紧密地相互依存、集成、优势互补、浑然天成,如云技术就融合了网格技术、虚拟技术、分布技术、资源均衡技术等。同时,新技术的应用将更加依赖运行的环境体系,如云技术应用就需要依靠法制化、规范化的商业运作模式。由此,对各种信息技术的综合化、集成化应用,以及在新技术应用中各种保障措施的及时配套跟进,将考验档案行业驾驭信息技术的能力和智慧。

(二)云计算技术在档案信息化中的应用

云计算是当前信息技术领域的热门话题之一,正受到社会各界的高度关注,并将使档案信息化面临一系列新的机遇和挑战。

1. 云计算的概念及特征

云计算是一种基于互联网的计算方式。这种方式利用分布式计算和虚拟资源管理等技术，通过网络统一组织和灵活调用，将分散的信息资源集中起来形成共享的资源池，并以动态按需和可度量的方式，向使用各种形式终端的用户提供服务。在云计算环境中，应用软件直接安装到了"云"端的服务器中，而不是用户终端上，用户仅需要通过 Web 浏览器登录到"云"端的管理平台就可以使用软件并得到所需服务。"云"是对计算服务模式和技术实现的形象比喻。"云"由大量基础单元——云元组成，各个云元之间由网络连接，汇聚成为庞大的资源池。

按照云计算服务提供的资源所在的层次不同，可以分为 IaaS（基础设施即服务）、PaaS（平台即服务）和 SaaS（软件即服务）三种服务方式；根据服务对象的不同，则可以分为面向机构内部提供服务的私有云、面向公众使用的公有云以及二者相结合的混合云等。

2. 云计算用于档案信息化建设的优势

采用云计算技术能够为档案信息化建设带来诸多益处。

(1) 实现档案信息资源共享

通过云计算，档案部门可避免因档案管理系统软件的多头开发所造成的"信息资源孤岛"现象，可在不同地域档案部门之间共同构筑档案信息资源"共享池"，实现电子档案资源的高度集中统一管理和广泛共享。

(2) 节省投资成本及运维费用

众多档案部门不再需要构建自成体系的软硬件平台，而以极低的成本投入获得极高的运算能力，大幅度降低运维费用和提高运维效率。

(3) 提高信息系统的安全性

以往档案馆中的数据都集中在本馆的服务器上，一旦服务器出现故障，档案馆就无法为用户提供正常的服务，甚至导致数据的丢失。而采用云计算就会存在大量服务器，即使某台服务器出现故障，其他服务器也可以在极短的时间内将故障服务器中的数据拷贝到其他服务器上，并启动新服务器，继续提供无间断服务。

(4) 解决人才短缺问题

云计算的档案信息系统维护都由云端技术人员负责，与目前各档案部门配备专门的信息技术人员的做法相比，既专业又节约人力成本。

3. 云计算对档案信息化的保障

档案信息化面临资源整合难、数据集中难、系统运维难、资金投入难、人才引进难等诸多难题。云计算技术的出现，将为档案部门走出困境提供新的思路。

（1）档案信息化基础设施保障

由于经济水平的差异，不同地区对档案信息化建设的投入也存在较大差别。

经费紧张的地区难以满足基础设施建设的需求；而经济发达地区的基础设施资源存在一些闲置的现象。为此，档案部门可以采用云计算的"基础设施即服务"方式，整合档案行业的服务器、存储器等设备，通过"云"平台，向各级档案部门提供基础设施服务，不仅可以避免设施建设重复投入的浪费，也可以减少技术力量较弱档案部门的系统运维开支。

（2）档案信息化业务平台保障

档案管理应用系统的研发和运维需要档案部门投入大量资金和人力，尚且难以确保应用系统的质量。采用"平台即服务"模式，各级档案部门可以集中使用资金和优秀的人才，研制和推广通用的档案管理软件，既可避免软件重复研制的资金投入，又可通过通用软件的推广，改变过去因重复建设造成数据异构、平台异构、流程异构，档案信息资源难以互联共享的弊端。

（3）档案信息化高效利用保障

如何通过档案的社会化服务，增强档案社会利用价值、提高社会的档案意识，是新形势下加强和改进档案工作的重要课题。

依托部署在"云端"的档案资源管理体系，公众可便捷地获得数字档案资源，并开展不同专题的档案编研；也可以将家庭档案和个人收藏制作成精美的网络展览推入"云端"共享；还可以利用"云端"提供的"一站式"检索功能获得跨专业、跨地区的档案信息。

第五章　档案信息化安全体系建设

第一节　档案信息化与档案信息化安全体系概述

一、档案信息化及其特征

信息技术的发展使档案管理工作向三个方向发展，即电子档案逐步替代传统档案、几何倍数的信息增长量使信息检索方式发生变化和档案管理向档案信息化方向发展。新型的档案载体形式——电子档案的产生不仅顺应时代的发展，也是历史潮流的发展方向。对传统的纸质档案的数字化（也就是形成电子档案），不仅可以使档案信息不受孤本的限制，提供信息资源共享，而且还可以提高档案部门的办事效率，增加档案的利用率以及有效保护原始档案。

现代信息技术的发展使档案工作的服务方式、服务内容以及服务手段都发生了重要改变。在服务方式上，传统的档案信息服务是一种封闭的服务模式，只是利用者通过上门查询或阅读方式提供服务。

现代化的档案服务手段实现手工检索向计算机检索的全面过渡，通过信息系统对档案进行日常管理、分类和查询，提高了服务效率和质量。从服务手段、服务方式以及服务内容上来看，档案管理现代化的改变，离不开档案信息化的支持。档案信息化的实质是对档案信息资源进行整合，利用现代信息技术为用户提供档案信息服务。档案信息化不仅可以使档案机构由实体保管职能向提供信息服务职能转变，实现信息资源的合理配置和科学管理（也就是说档案信息化使档案管理由面向实体保管向实体管理转变，重心由档案实体向档案信息转变），而且可以打破档案部门长期封闭和半封闭的状态，适应社会信息化对信息的需求。档案信息化的目的正是为了促使档案工作与社会发展同步，使档案机构在信息社会里承担起自己的角色。

(一) 档案信息化概念的界定

档案信息化可理解为以现代信息技术在档案工作领域的实际运用为基础,以档案信息的资源化为主导,以实现资源共享为目的,推动档案工作发展的进步过程。档案信息化涉及档案信息的整合过程、档案信息的技术应用过程以及档案信息的发展过程三个方面。对于档案信息化含义的理解主要有两种观点:一是纯技术理论的档案信息化;二是包括信息技术在内的信息环境意识、管理因素等的档案信息化。根据对档案信息化的描述,档案信息化包括三个过程:一是以现代信息技术在档案工作领域广泛而实际的有效利用为技术应用过程;二是将档案信息化中的信息通过各种方法、手段进行整合、开发,使之资源化并为社会广泛使用的转化过程;三是将档案信息化逐步纳入整个社会信息化之中的发展过程中。档案信息化的内涵由于侧重点和出发角度不同,理解也有所不同。

档案信息化的内涵可以从两个方面来理解。一是档案信息化是整个社会信息化进程的折射。档案信息化是档案工作发展到信息社会的产物。档案信息作为一种信息资源,档案信息化的目的是更好地为社会提供信息服务,因此,档案信息化的开展必然要作用于整个社会;二是档案信息化是一个不断发展和完善的过程。档案信息化要依靠现代信息技术的发展和推动,现代信息技术是一个不断发展和进步的过程。因此,从技术角度上讲,档案信息化是一个不断发展、完善的过程。另外,档案信息化需要国家信息化战略、国民信息素养等更多力量的支持。

(二) 档案信息化的特点

档案现代化建设和档案信息化战略的实施与现代信息技术的发展,促使档案管理由传统的纸质载体形式向档案资源电子化形式发展,档案信息管理也由纸质管理阶段向信息化管理阶段发展。要应用档案信息化安全体系,就必须了解档案信息化的特征,这里从三个方面阐述了档案信息化的特征,涉及档案信息化信息内容与载体形式、档案信息化服务方式与共享形式以及档案信息资源标准与开发利用三个方面。

1. 档案信息化信息内容与载体形式

计算机技术及相关技术的发展,使档案信息电子化、数字化变得非常容易。传统信息技术环境下,档案信息采集与存储的成本过高。与传统信息技术环境相比,现代信息技术环境下,档案信息采集的内容呈现急速增加趋势,而以电子化、多媒体化存储的信息形式成本比较低廉,也占据了很少的空间。因此,档案信息化管理主要是便于加工利用电子信息,实现电子信息传输。新型档案载体形式和存储形式将成为未来计算机界和档案界共同关注的问题,但信息的无限膨胀也成为制约档案信息化发展的主要问题。

2. 档案信息化服务方式与共享形式

档案信息化依托计算机技术和通信技术,实现档案信息资源及时获取与便捷的服务。传统信息环境下,档案信息提供服务的方式包括利用者进馆查阅、档案馆开展活动等形式,而现代信息技术下,档案归档形式受互联网的发展也发生改变,支持在线归档等技术可以提供更多的档案信息图。档案信息通过档案信息管理系统、数字档案馆信息系统以及档案信息上网系统提供给利用者。档案信息化不仅使档案信息及时更新、浏览与快捷的下载,利用者不用进馆就能获取想要的档案信息,而且也使人们打破传统的信息化思维,进入广域的档案信息化思维中。

3. 档案信息资源标准与开发利用

档案信息资源的标准化、规范化的快速建设就必然要求利用新型技术进行档案信息资源的开发和利用。档案信息化实现的前提是各类电子资源标准化、电子化与规范化。为加大档案资源的开发利用,档案管理部门可以利用先进的数据仓库技术和挖掘技术,运用不同方法提供有价值的推断和分析报告,以满足不同部门和行业的实际需求。利用数据仓库和数据挖掘技术进行的档案信息资源决策必然使档案信息化资源开发进入崭新的阶段。

二、档案信息化安全体系内涵

档案信息化建设是在计算机网络技术、数字技术和多媒体技术不断发展的过程中衍生的一种新事物。随着国家信息化战略的发展,档案信息化建设也在不断被应用于社会的各行各业中。不断膨胀的信息量以及档案信息丢失、泄密等现象的频发,都使人们感受到建立档案信息化安全体系的迫切性与务实性。档案信息化安全体系涉及多方面的因素,不仅需要完善的技术措施,而且也需要严格的管理制度,甚至包括信息化环境的建设等。建立和完善档案信息化安全体系,对于确保档案信息安全、提高档案信息服务的水平以及保持档案信息化建设的可持续发展等,都具有极其重要的意义。

(一) 档案信息化安全体系的含义

档案信息化安全体系就是国家和档案部门针对档案信息化发展过程中的安全风险现状,依照相关国家法律法规和相关标准执行的有关各项管理活动的总和,它包括的内容非常广泛,涉及基础设施建设、信息资源建设、应用系统建设、标准规范建设、人才队伍建设和信息环境建设六因素,是一个动态的变化过程,所以建立档案信息化安全体系也是一项复杂而庞大的系统工程。档案信息化安全体系主要由六个方面的内容组成：基础设施建设安全体系、信息资源建设安全体系、应用系统安全体系、信息标准规范建设安全体系、人才队伍安全体系与信息环境安全体系。

（二）档案信息化安全体系建设的意义

档案信息化不仅是社会信息化的结果，而且也是社会信息化的重要基础性工作。档案信息化涉及人、信息与技术等多种因素，因此，档案信息化是一项庞大的系统工程，涉及面广，技术要求高，工程比较大。另外，档案信息化还受当时的技术条件、管理经验等多种条件限制，因此，档案信息化安全体系也是一个不断发展的过程。档案信息化安全体系的构建，不仅有利于整体档案信息意识的增强，而且可以用最低的成本，达到可接受的信息安全水平，从根本上保障档案信息业务的连续性。

1. 提高档案信息化信息意识，增强抵制风险能力

信息技术的发展使信息安全上升到国家层次，构建信息安全体系已经成为国家的重要任务。档案信息作为国家重要信息资源，档案部门应该顺应时代潮流，构建具有档案特色的档案信息安全体系。随着国家信息化的发展，档案信息化也处在不断的发展和建设之中。档案信息化安全体系包括技术层次方面、管理层次方面、标准建设方面以及信息意识方面。因此，档案信息安全已经融入档案信息安全体系中。档案信息化安全体系建设直接目的是增强档案信息化抵御风险能力，这里将从技术、管理、信息意识等多个方面来进行构建，分析档案信息化安全因素，制定防范安全因素策略，从而抵御档案信息化安全风险。档案信息化的间接目的是提高档案信息化信息意识。档案信息化安全体系的构建不仅可以规范档案信息化的管理行为，提高档案机构和档案人员的信息意识，而且可以带动整个社会档案信息意识的增强。

2. 提高档案安全风险管控能力与档案管理的科学化

随着档案信息化的开展，档案信息化安全体系建设将成为档案信息化建设中的重要工作。档案信息化安全体系建设的目的在于不断探索有效的构建方法，运用先进的技术和手段，并加以科学的管理方法，保障档案信息化信息安全。随着信息技术的发展，档案信息的载体与管理方式也在发生变化。档案信息化是适应时代发展的产物，也是档案信息管理现代化建设的关键。档案信息化建设过程中不仅面临管理风险，而且也面临技术风险。一是档案信息化安全体系建设是用来防范档案信息化安全风险的。档案信息化建设是多种因素的结合体，面临多种风险，而且每一种风险都会造成直接的影响。所以，档案信息化安

全体系建设采用科学的方法和手段，可以有效地防范档案信息安全风险因素，提高档案信息安全风险管控能力。二是档案信息化安全体系是在档案信息化的基础上，分析档案信息化安全风险因素，运用先进的手段和方法，对档案信息化安全体系各因素进行分析，探讨有效的控制和管理手段，从而能有效地控制和防范档案信息化安全风险的产生，提高档案管理的科学化。

3. 提高档案信息管理的标准化，加快与国际接轨档案信息化安全体系的建设

一方面是控制安全风险的产生；另一方面是标准与政策的标准化建设。随着现代信息技术的发展，新型载体以及管理方式也在不断发生变化。档案信息化安全体系建设不仅需要国家政策与法规的支持，而且也需要技术标准与管理标准等建设。随着档案信息化的开展，先进的技术和管理手段也将不断融入其中，档案信息化安全体系也必然要借助于此先进的技术和管理手段。另外，国际档案界的交流、技术的发展与运用相结合使档案信息管理标准化也向国际化发展。档案信息化安全体系建设正是从规范档案信息管理标准入手，开展档案信息化建设，从而向国际标准靠拢，与国际接轨。

三、档案信息化安全体系建设的目标、任务和原则

（一）档案信息化安全体系建设的目标

档案信息化安全体系建设的基本目标是在配合完善的档案信息化法律、法规以及相应的数字档案信息安全标准下，利用相关的技术措施，通过相应的国家宏观管理以及档案信息部门的内部微观管理，有效地遏制内部和外部的档案信息安全风险，增强档案信息防护能力和发现档案信息安全风险的能力，确保档案信息安全，达到档案信息化建设的顺利进行。

（二）档案信息化安全体系建设的任务

档案信息化安全体系建设的主要任务就是确保档案信息化建设中档案信息内容安全、过程安全以及存储安全，同时健全档案信息化安全体系的法治建设，规范档案信息化安全标准，完善内外管理制度，加大引入档案信息化人才队伍和职工档案信息化的培训工作力度，形成一个良好的档案信息化信息环境。

（三）档案信息化安全体系建设的原则

档案事业是社会的一个分支，档案信息化建设是社会信息化的重要基础性工作和有机

组成部分，档案信息化安全体系建设必须与国家信息化体系六要素相一致。档案信息化安全体系建设是一项庞大的系统工程，其建设目的在于可以有效地防范档案信息安全风险，而且也在于规范档案信息管理行为和规范档案信息管理标准。所以，档案信息化安全体系建设必须遵循一定的原则，从而构建档案信息化安全体系。

1. 系统性原则

档案信息化建设是一个复杂的系统，因此，档案信息化安全体系建设应该遵照系统性原则。在档案信息化安全体系的构建过程中，对于安全指标的选择、安全因素的选择与风险的防范都应该能够反映档案信息化建设的综合体系，注意档案信息化安全体系指标、安全因素之间的逻辑关系。

2. 可延续性原则

档案信息化是先进信息技术与管理手段等多种因素的结合体，不仅适应现代科技的发展需求，也是档案信息现代化管理的需求。随着现代信息技术的发展，档案信息化也处于一个不断发展的过程中，某一个阶段起重要作用的因素可能在下一个阶段就失去重要地位。所以档案信息化安全体系建设应该考虑到其拓展性原则，在内容上要具有可延续性原则，保障档案信息化安全体系的继承和发展。

3. 可操作性原则

档案信息化安全体系构建是为了更好地促进档案信息化的开展，以避免安全风险的产生。在档案信息化安全体系的构建过程中，一是要考虑到指标或具体措施的可实施性，不能使理论与实践相脱离；二是要尽可能使用现行档案管理制度和统计制度提供的数据和方法，以便能够准确地获得相关的数据，保障档案信息安全体系的可行性，在实践过程中具有实际可操作性。

4. 可比性原则

档案信息化安全体系构建选取的标准、角度等不同，构建的档案信息化安全体系内容也有所不同，因此，档案信息化安全体系建设要具有可比性。在档案信息化安全体系构建中，对于选取的标准和指标等，要有统一的口径和方法，使该安全体系不仅能够横向反映不同档案馆之间安全体系的差异，也可以纵向反映档案信息化安全体系建设的历史进程。

第二节 档案信息化安全体系的构建

一、基础设施安全体系

(一) 基础设施建设与物理安全

档案信息化基础设施建设是档案信息传输、交换和共享的物理环境，是档案信息化建设的基础，包括硬件基础、网络环境和系统软件。因此，档案信息化基础设施安全隐患主要来自物理因素的安全风险，包括硬件设备因素、网络环境因素、系统软件缺陷和应用软件的兼容性四个方面。

1. 硬件设备因素

档案信息化基础设施建设制约着档案信息化发展水平，信息技术使硬件设备不断更新换代，硬件设备容量以及性能不断提高，但也存在着较大的安全风险。一是所有自然界任何非确定性因素的破坏都有可能破坏硬件存储设备，从而间接地破坏档案信息；除此之外，硬件设备需要良好的设备环境（适宜的温度、防灾能力、抗干扰能力以及防尘措施等），还要注意防盗以及超负荷运作等。任何一个方面不是直接造成档案信息丢失，就是减少设备的寿命，间接地破坏档案信息。二是计算机设备由于电源、系统等造成死机使档案信息丢失或破坏。另外，网络设备在网络线路、视频辐射以及电磁泄漏方面出现的漏洞，容易使档案信息泄露。三是计算机硬件设备的不断更新使设备老化现象严重，使原有设备的数据不能正常读取，从而使档案信息处于不可用状态。

2. 网络环境因素

网络所具有的开放性、互联性和共享性等特征使网上信息安全存在着隐患，加上系统软件中的安全漏洞以及所欠缺的严格管理，致使网络易受黑客攻击和病毒的破坏。档案信息化不仅是对档案信息的数字化过程，而且也是通过档案信息上网以实现档案信息网络传输过程，因此，档案信息网络环境因素对防范档案信息安全起着非常重要的作用。档案信息管理软件主要依托现代通信技术、数据库技术以及现代网络技术等，网络通信的顺畅程度与档案信息资源的访问控制、计算机网络病毒的入侵等都对档案信息安全造成影响。

3. 系统软件缺陷

档案信息化要借助系统软件来进行辅助管理，因此，系统软件的选择不仅影响档案信息化建设，而且也间接影响档案信息安全。一是系统软件资源没有优化配置而造成的系统故障，不仅使系统性能降低，而且会引发不必要的安全风险；二是系统软件是一个不断完善和发展的过程。系统软件漏洞越多，档案信息安全隐患就越大。计算机病毒、黑客等入侵技术就是利用系统软件的漏洞，从而窃取或破坏档案信息资源。由此可见，无论选择怎样的系统软件，系统软件本身的缺陷都是档案信息化不可回避的问题。

4. 应用软件的兼容性

档案信息化不仅需要系统软件来辅助管理，更直接的表现便是应用软件的使用。由于档案信息化的应用软件属于不同公司开发和设计，因此在数据格式的使用和保存过程等方面存在差别。由于不同公司文件格式的兼容性差，造成档案信息无法传输和及时利用。因此，不同应用软件厂商的数据兼容性问题也是档案信息化要考虑的问题。

（二）基础设施安全体系的构建

档案信息化基础设施建设是档案信息化的基础和前提，也是档案信息资源开发利用和信息技术应用的前提和基础并制约着档案信息化建设的发展水平。与档案信息化建设一样，档案信息化安全体系建设也应从基础设施安全体系建设入手。这里从硬件基础安全体系建设、网络环境安全体系建设、系统软件安全体系建设和应用软件安全体系四个方面来阐述档案信息化基础设施安全体系建设。

1. 硬件基础安全体系建设

档案信息化硬件基础可以用信息化经费投入总量占档案馆经费比例、人均计算机拥有量、数字化设备的数量、存储设备的数量、数据迁移和备份设备的数量等指标来衡量。档案信息化硬件设施安全主要体现在通信线路的安全、物理设备的安全与容灾能力、抗干扰能力与设备的运行环境等方面。因此，构建档案信息化硬件设施安全体系要从上述安全因素出发，主要包括以下两个方面。

（1）具有防自然界非确定因素安全体系

自然破坏属于不可抗力，只可预防不可阻止。信息化时代导致微电子网络设备和硬件设备得到普遍应用，也容易遭受雷击影响，所以，档案馆或机构应具有综合布雷方案，以备不时之需。综合布雷方案包括直击雷的防护和感应雷的防护，以防止潜在风险。除此之外，电子文件安全防护设备除具有调温、调湿、防水、防盗、防光、防虫等功能外，还应具备防磁、防磨损等能力，以确保档案信息化信息安全。

(2) 计算机机房环境控制体系

适宜的温湿度不仅能够保证机房安全，也能延长计算机寿命。这里结合其相关资料，把计算机机房环境指标分为温度、湿度、照明、噪声等因素，按照不同的标准分为 A、B、C 三级。档案信息化主服务器环境至少要达到 B 级标准，甚至有条件的话要达到 A 级标准，以达到计算机硬件设施安全。

2. 网络环境安全体系建设

档案信息化网络环境指标可以用馆内计算机上网比例、网络性能、网络建设水平、政务网建设水平和公众网建设水平等指标来衡量。档案信息化网络环境安全体系建设主要体现在网络安全通信、网络资源的访问控制、数据加密、远程接入的安全、路由系统的安全、侦测非法入侵和网络设施防病毒等。结合档案信息化网络安全体系安全因素，档案信息化网络环境安全体系建设包括以下三个方面。

(1) 全网数据安全备份体系

对数据进行备份是为了保证数据的安全，消除系统使用者和操作者的后顾之忧。信息技术的发展促使档案信息化的发展，也导致档案数据业务量的增加。数据备份体系一直是预防灾难、保证档案信息化信息安全的一种手段。档案信息化中信息不仅包括主服务器上的信息，而且包括网络节点上的信息，所以，数据备份不仅要备份主服务器上的数据，而且也要备份节点上的信息，建立全网数据安全备份体系就成为档案信息化安全体系建设的重要数据保障体系。我国浙江省舟山市档案馆在馆内建立病毒入侵防御系统、双机热备与灾难备份系统以确保这些原生性档案数据安全与使用就是数据备份的例证。

(2) 网络设备安全体系

信息技术的发展由传统的信息保密性向信息完整性、可用性、可控性等多方面发展。档案信息化也由信息保密性向其他方面发展。除了传统信息技术注重系统本身防范外，还应在网络出口方面配备防火墙设备。防火墙通常设置于某一台作为网间连接器的服务器上，在内部网与其他网络之间建立起一个安全网关，使访问者无法直接存取内部网络的资源，保护网络资源免遭其他网络使用者的占用或侵入。档案管理部门可以在信息传输和存储方面采用加密技术和身份认证技术等方式，对不断变化的网络安全做出及时的反应，以构建网络设备安全体系。

(3) 建立病毒防护体系

信息技术的发展促进了档案信息化的发展，也滋生了计算机病毒和木马程序。计算机病毒不仅具备了破坏能力和黑客能力，而且可以通过系统漏洞，绕过计算机系统检测，建立相应的有害服务，导致整个网络系统瘫痪，从而影响档案信息化整个进程。安装防病毒软件，可以有效地防御和清除计算机和网络上已知的各种病毒。传统的杀毒软件不能满足现实需求，对抗新的网络病毒我们必须采用更加主动的办法，建立更加安全的防护措施。档案信息化建设防病毒体系不仅要提供灵活的安全方式，多层次和强有力的保护，而且要适应复杂的网络环境，提供简单、易用的病毒解决方案，为档案信息化渐进式发展提供病毒防护体系。

3. 系统软件安全体系建设

档案信息化系统软件指标可以用系统软件指标来衡量。档案信息化系统软件安全体系建设主要包括系统软件本身缺陷因素和安全配置因素，因此，档案信息化系统软件安全体系建设包括以下两个方面。

（1）系统软件漏洞扫描机制

漏洞扫描不仅可以用来自动检测主机安全漏洞，而且也是增强档案信息化信息安全的重要措施。系统软件漏洞扫描机制能够有效地对潜在的档案信息系统安全问题做出预测，有利于发现潜在的安全风险，及时地做出补救措施。

（2）系统软件安全配置机制

档案信息化建设要借助系统软件来完成。因此，系统软件安全配置可以从软件角度保证档案信息化安全。系统软件中安全设置可以分为初级设置、中级设置和高级设置，通过不同的权限和身份认证等措施（权限设置、密码设置、关闭不必要服务、不必要的端口和开启审核策略与密码策略等），保证档案信息化系统安全和档案信息化建设的安全进行。

4. 应用软件安全体系建设

档案信息化应用软件安全体系建设主要是针对不同软件厂商的兼容性问题。针对这一问题，作者建议不同的软件厂商要具有不同的文件格式的接口或转换功能，以市场上流行的格式为依据，软件厂商需要建设相应文件格式转换的接口，以保障档案信息数据的安全和可靠。

二、信息资源安全体系

（一）信息资源与信息内容安全

档案信息是档案信息化建设的主体，也是档案信息化安全因素的重点。档案信息化信息资源建设包括丰富的馆藏资源、档案信息数字化以及专门数据库的建设。档案信息内容安全是信息交流的主体和核心，除了要求信息内容不被泄露以外，还必须保证信息内容的完整性和可用性，即信息内容不被有选择地修改、删除、添加、伪造和重排，甚至毁坏。因此，档案信息化信息资源建设信息安全涉及维护数字档案信息的真实与完整、数字信息的长期保护与读取两个方面。

1. 数据库技术的发展与档案信息存储安全

档案信息资源的安全是档案信息化顺利开展的保证。数据库技术的发展，尤其是多媒体数据库的发展虽然为档案信息数字化提供了存储介质，但是数据库存在的安全风险也是档案信息化过程中值得考虑的问题。一是由于人为的失误操作导致的数据库信息丢失，不仅造成工作的重复，甚至会丢失重要的档案信息；二是在网络环境下，系统故障、线路故障以及网络病毒的入侵和感染等，不仅威胁着档案信息的完整性，也对档案信息安全造成威胁；三是电子文件保存格式的选择决定了电子文件信息的可读性。随着信息技术不断更新换代，原有的文件格式不能与现有的文件系统相兼容，造成文件不可读或"死文件"状态。因此，在电子文件保管中，以何种格式保存电子文件也是制约多媒体档案数据库发展的瓶颈。

2. 电子文件自身特征与档案信息内容安全

档案信息内容与载体的一致性，是档案信息真实性的体现。电子文件的易复制性和易消失性等特征是造成电子文件不完善的主要因素。

（1）电子文件修改的移动性与不留痕迹性是文件传输的障碍

在电子环境下，电子文件由于其内容与载体的相分离性使内容和格式都很容易被改动，不留任何痕迹。这样就不仅会使数据内容的可靠性大打折扣，还会使文件的格式等外在形式都失去了原件的原始特征，影响了档案信息的真实性与原始性。

（2）电子文件的易复制性使电子文件传输的不一致性倍增

信息具有可重复性的特点。电子文件可以迅速地复制到其他介质上。网络技术的发展，使信息的复制性程度和扩散程度呈现几何倍数的增长。同时，电子文件风险的存在使大部分机构在电子文件的使用过程中都实行"双套制"或多备份制度，备份的不一致性影响了电子文件的传输和电子文件原始性、真实性。

（3）电子文件的易消失性是电子文件传输中保管环节的重要因素

电子文件的载体形式存储在光—磁介质中，数据是一种以数字代码形式存在的观念型非直读性信息，它必须完全依靠存储介质和相关的计算机软硬件系统才具有生命力。一方面，电脑病毒和网络黑客的侵扰，都会给电子文件带来灾难性的后果；另一方面，数据载体的物理损伤以及外围设备出现技术障碍可能危及电子文件的安全和正常运用。

（二）信息资源安全体系的构建

1. 传统信息技术下档案信息资源安全体系建设

传统信息技术条件下的档案信息资源包括纸质档案和声像档案两类，可以用人均纸质档案拥有量与声像档案拥有量、馆藏纸质档案总量和声像档案总量指标来反映。纸质档案和声像档案是档案信息化、数字化进程中重要的信息来源，因此，传统档案信息资源安全体系建设要结合其特性而对其进行保管。这里以纸质档案和声像档案为分类标准来建立各自不同的安全防护体系。

（1）纸质档案安全防护体系

纸质档案载体由碳、氢、氧三部分组成，会因不同环境因素而发生变化，因此纸质档案安全防护体系必须控制好档案库房的环境，最大限度地保障纸质档案的寿命，档案库房的温度要控制在14℃—24℃之间，湿度要控制在45%—60%之间，库房的构建要避免阳光直射和有害气体的侵入，还要注意防霉、防虫等措施。另外，对于具有特殊意义的档案，要做好多种备份措施和登记制度。

（2）声像档案安全防护体系

声像档案的载体是由磁性材料组成，与纸质档案一样，声像材料也应该根据其特性而采取保护措施。声像档案库房温度要控制在18℃—24℃之间，湿度要控制在35%—45%，并且要避开奥斯特的磁场。

2. 现代信息技术环境下电子信息资源安全体系建设

信息技术促进信息载体的多样发展，也促使档案载体的不断发展。新型载体形式的出现，虽然促进了档案信息化建设，为档案信息化、现代化管理提供实体支持，但也造成一定的安全隐患。现代信息技术条件下电子资源建设可以用人均电子文件拥有量、建立档案网站的网页数、馆藏纸质档案数字化率、馆藏声像档案的数字化率、人均数据库中记录条数、文件级目录录入率、全文数据库的数量、多媒体数据库的数量等指标来衡量。因此，我们可以从电子信息资源数据备份体系、网络信息资源安全保护体系、传统档案信息数字化安全体系三个方面来阐述电子档案信息资源保护体系。

（1）电子信息资源数据备份体系

现代信息技术的应用加快了办公速度，也加大了操作失误导致的风险。档案信息具有原始性和凭证性的作用，一旦失误就有可能引起严重的后果。另外，受系统软件因素、网络环境因素等影响，也可能导致数据丢失或损坏。因此，建立电子信息资源数据备份体系就显得非常重要。电子信息资源数据备份体系包括备份的条件、备份的方式和备份的周期三个方面。

(2) 网络信息资源安全保护体系

随着政府办公自动化和政府上网工程的开展，档案信息利用模式由传统的手工查询转为网络查询，但由于档案信息上网环境非安全因素的存在使档案信息资源面临风险。对于网络信息资源安全体系建设可以从网络数据备份、网络数据隔离技术和网络档案信息数据加密技术三个方面来考虑。网络数据备份与电子信息资源备份一样，不仅要定期备份，也要定时对备份数据进行校验。对于网络数据隔离，我们可以运用防火墙技术，采取过滤技术和代理服务的手段对数据进行有效保护。对于网络档案信息加密技术，我们则可以采用三种不同的加密算法（对称型加密算法、不对称型加密算法和不可逆加密算法）或数据认证技术（数字签名、报文认证、水印技术）来对网络档案信息进行处理，以达到保护档案信息资源的目的。

(3) 传统档案信息数字化安全体系

档案信息数字化是档案信息化的一项重要内容，其数字档案馆正是在利用现代信息技术对馆藏信息资源数字化基础上建立的，从而达到档案信息资源以数字化、网络化形式达到信息资源共享。档案信息资源数字化并不是简单地对传统信息资源进行数字处理，涉及数字标准、长期保存等众多问题。传统档案信息数字化安全体系要从人为因素和非人为因素、长期存取技术以及安全管理三个方面来构建。人为因素和非人为因素可以制定相关的法律制度和规章制度来约束。数字资源长期存取技术一直是档案界（甚至是信息界）关注的话题，建立统一的存取格式和存取体系是解决问题的根本。档案信息数字化过程中涉及的保密信息可以通过建立传统档案信息化工作档案来实现，不仅可以起凭证作用，也可以促进档案信息数字化工作。

3. 档案信息化信息资源开发和利用安全体系建设

档案信息资源的最终目的是为社会提供信息服务，档案信息资源的开发和利用在整个档案信息化建设中起着关键作用。档案信息资源的开发和利用可以用年均查档案数量及人数、人均档案内部编研产品、人均档案总印张和公众网站档案信息的丰富量等指标来衡量。档案信息化发展导致档案信息资源开发和利用大多以电子形式和网络形式提供服务。档案信息资源属重要信息资源，具有保密性特征。档案信息化信息资源开发和利用安全体系建设主要涉及档案信息公布利用的限制。电子信息资源载体特征以及易复制性、易消失性都会使信息资源在开发和利用过程中越权使用和非法使用，对档案信息资源的公布要有明确的限制，档案管理部门可采用身份认证以及访问限制等方法来保证档案信息资源开发和利用安全。

三、应用系统安全体系

（一）应用系统与信息过程安全

档案信息化应用系统建设主要是针对档案信息的生成、流转以及保存等，尤其是在电子文件下，电子文件的识别与读取、存储等更是离不开档案信息化应用系统建设。因此，档案信息化应用系统建设更多体现着档案信息的生命周期，每一个生命周期的安全隐患都有可能对档案信息在整个信息过程中造成不可挽回的损失。大多数的档案信息系统除了日常进行杀毒软件升级和数据备份外，基本没有进行其他的保护措施调整，造成安全保护不能长久持续。信息过程包括信息的获取、存贮、显示、变换、传递和处理等。

信息过程安全包括机密信息和敏感信息的安全传送，即信息加密问题；信息的安全获取、存贮和处理问题，即信息访问控制问题，在信息传递和变换的过程中防止合法用户的位置、身份、账号、密码等机密信息的暴露问题。此外，在信息的发送端和接收端因信息显示的电磁泄漏引起的安全问题等。这里从档案信息化应用系统建设中的档案信息的生成、流转和保存三个阶段中来阐述其存在的安全隐患。

1. 档案信息生成安全

档案信息化中档案信息的来源主要包括来自电子文件系统直接生成的电子档案信息和对传统档案进行数字化后的电子档案信息。档案信息化应用系统建设中档案信息生成安全隐患主要来自三个方面。

（1）档案信息生成的不真实与不完整造成的安全风险

这类风险主要包括内部用户或外部用户非法进入档案信息系统生成或篡改的档案信息，其真实性引发人们怀疑，档案信息数字化过程中产生的电子档案信息与传统的档案信息不一致导致档案信息不准确；档案信息丢失、档案部分信息丢失以及档案信息不可读造成利用意义上的丢失等。

（2）档案信息生成的不可读与不可用造成的安全风险

这类风险主要包括档案信息文件在压缩、加密和迁移后产生的电子文件不可读以及档案信息生成过程中突然丢失造成的档案信息不可读，档案信息不完整、不准确以及不真实导致档案信息文件不可读，使档案信息文件发挥作用的期望值远远低于用户的期望等。

（3）档案信息生成的不及时以及数据的不一致导致资源浪费

档案信息生成的不及时以及数据的不一致导致资源浪费也间接地导致档案信息安全风

险。这类风险主要包括档案信息生成的不及时以及档案信息化应用系统建设中的查找时滞，导致用户对应用化系统软件的满意度降低，同一种文件的备份文件的不一致以及不同载体的备份文件的不一致，使人们难以判断其原始文件等。

2. 档案信息流转安全

档案信息化应用系统建设中信息流转是指档案信息的加工和处理过程。档案信息在加工和处理过程中，技术的"双刃剑"使档案信息在整个流转过程面临着安全隐患，主要表现在四个方面。

(1) 档案信息传输过程

档案信息传输过程中信息丢失与信息窃取、篡改等导致的档案信息不真实与不完整。档案管理信息系统的变化、系统平台的变化以及存储位置的变化，就需要对档案信息进行迁移、转存以及载体转换。档案信息化过程中，排除人为因素外，档案信息内容安全风险包括档案信息内容的部分改动会导致档案信息不真实，信息技术带来的负面影响也使档案信息在传输过程中受窃取技术、木马技术等冲击，也使档案信息内容发生改变，导致档案信息内容不真实。

(2) 档案信息传输过程中档案信息不可读与不可用

在档案信息传输过程中，不法人员利用窃取技术可以改变传输的档案信息，使传输后的信息不是不能打开，就是信息内容与原始内容不一致，导致档案信息不可用或不可读；档案信息系统的更新换代也使档案信息文件格式发生变化，现代信息技术发展促使系统软件与应用软件改变，也使文件的读取格式发生改变，会造成文件的过时性与不可读性。

(3) 档案信息上网工程与涉密档案信息安全风险

档案信息的原始性与保密性使档案信息上网过程中的安全问题变得非常突出。档案信息上网工程中涉密档案信息的泄露、涉密档案信息遭到非法窃取等都对档案信息安全造成影响。

(4) 档案信息化应用系统与现代认证技术的不成功导致的档案信息安全隐患

档案信息数据库需要身份认证技术，然而受现代技术的限制，身份认证技术还面临很多难题。因此，身份认证的不成功也使档案信息安全在未来面临风险。

3. 档案信息保存安全

档案信息化应用系统建设中的档案信息保存一方面可以节约信息载体资源；另一方面为档案信息的方便、快捷的服务提供智力支持与信息支持。档案信息保存涉及的安全隐患不仅包括由生成、流转时的安全风险而带来的保存阶段的安全隐患，而且还包括自身所带来的安全风险。

（1）档案信息保存阶段的档案信息不完整与不真实

档案信息在信息生成、流转中已经产生不真实、不完整风险，到档案保存阶段其不完整、不真实现象依然存在；档案信息在保存阶段内用户伪造或篡改信息内容而造成的档案信息不真实与不准确，都会对档案信息安全造成影响。

（2）档案信息保存阶段的文件不关联以及格式的选择造成的档案信息安全

档案信息保存不仅需要保存其生成文件，而且也要保存其生成的背景文件以及文件之间的关联性，关联文件的缺失与元数据文件的丢失间接造成档案信息文件的安全风险；档案信息产生的文件格式多种多样，在保存格式上各国在保存标准上没有统一的标准，格式的选择也在一定程度上影响档案信息安全。

（3）档案信息保存阶段产生的不可读和不可用

档案信息生成阶段不可读、不可用风险造成的档案信息保存阶段不可读与不可用；文件密级的划分、公布与共享的因素也可造成保存阶段档案信息不可用。

（4）档案信息保存的不及时性与涉密档案失密带来的档案信息安全问题

档案信息保存阶段文件归档的时间与涉密文件的公开、利用的时期都会给档案信息安全带来风险。

（二）应用系统安全体系的构建

档案信息化应用系统建设是信息技术在档案信息化中的直接体现。档案信息化应用系统建设包括数字档案馆应用系统建设、现有档案馆的业务管理系统建设以及档案信息上网信息系统建设。确保信息的完整性、可用性和保密性是档案信息系统的中心任务，其主旨就是防止非法侵入和篡改计算机系统数据，维护档案数据的完整和安全，保持系统持续正常运行，不因系统问题导致档案泄密和档案管理工作中止。档案信息化应用系统建设包括电子文件生成、流转以及保存等过程，因此电子文件在档案信息化应用系统中面临的风险就不可预知，档案信息泄密和丢失的可能性就大大增强。对于档案信息化应用系统安全体系建设，这里将从数字档案馆应用系统安全体系建设、档案馆业务管理系统安全体系建设以及档案信息上网信息系统安全体系建设三个方面来构建档案信息化应用系统安全体系。

1. 数字档案馆应用系统安全体系建设

数字档案馆应用系统建设可以用功能的完善性、开放性、标准性和安全性四个标准来衡量。网络技术、数字化技术的快速发展使档案信息数字化得到发展，也延长了档案信息的寿命，同时也引发了数字档案馆应用系统安全风险。对于数字档案馆应用系统安全体系建设，这里从档案信息内容访问控制机制、应用系统用户访问控制机制、应用系统日志管理机制和应用系统档案信息存储机制四个方面来阐述数字档案馆应用系统安全体系建设。

（1）档案信息内容访问控制机制

数字档案馆信息资源一方面来源于由传统档案信息数字化形成的电子档案信息；另一方面来源于电子文件归档造成的电子档案信息。因此，数字档案馆信息内容访问控制不仅要保证电子文件信息的真实性与完整性，而且包括电子文件的可读性。数字档案馆应用系统的信息内容访问控制机制在于能够提供任何格式的电子文件信息，为社会提供及时的信息服务。

（2）应用系统用户访问控制机制

档案信息是一种特殊的信息资源，数字档案馆应用系统建设应该提供用户访问控制机制。数字档案馆应用系统应该包括用户身份认证、用户权限控制等机制来保证档案信息资源，通过身份认证技术来验证用户的合法性，通过用户权限控制来约束用户的行为，以保证数字档案信息的安全属性。

（3）应用系统日志管理机制

数字档案馆应用系统除了满足日常的业务需求外，还要提供系统日志管理机制。系统日志管理可以为系统管理员提供安全管理的文档记录，其目的不仅在于可以记录系统的日常业务记录和系统的使用记录，而且可以使系统管理员对潜在的系统入侵或破坏等做出记录和预测，通过对系统日志文件的分析，可以有效地分析安全风险，以便及时做出相应的对策，来维护应用系统的安全，从而保证档案信息安全。

（4）应用系统档案信息存储机制

电子档案信息资源大多以数据库形式存储于磁性材料中，数字档案馆应用系统的信息资源也不例外。因此，数字档案馆应用系统建设中档案信息存储安全至关重要，其档案信息存储机制除了硬件设备安全外，还应注意信息加密技术、数字水印技术等在信息存储与访问中的应用，来保证档案信息安全。

2. 档案馆业务管理系统安全体系建设

档案业务管理系统可以用功能、速度和友好的指标来衡量。其中功能需求可以用数据管理、整理编目、检索功能、辅助实体管理、安全保密、系统维护等指标来衡量。随着档案信息化的发展，档案业务管理系统也朝着网络化的方向发展，网络环境下档案馆业务管理系统安全风险就显得非常突出。这里从网络技术安全控制、档案业务管理系统安全体系、档案业务管理系统防病毒安全体系三个方面来阐述档案馆业务管理系统安全体系建设。

（1）网络技术安全控制

随着档案信息化的开展，档案信息管理系统也必将朝着网络化方向发展，保障档案信息网络传输的正确性、完整性以及可用性将是网络版的档案信息系统软件面临的重要课题。因此，用网络技术手段来控制档案信息安全就显得非常重要。档案业务管理系统网络技术安全控制可以采用如下策略：对于网络接入管理在接入网络业务系统时进行安全认证，对于网络出口管理可以在档案业务内网与外网之间采用防火墙技术来制定安全策略，必要时可以采用VLAN技术来对网络流量进行控制，避免整个网络系统的瘫痪，还可以通过不同的子网划分采用不同的安全策略来及时发现安全隐患等防止档案业务系统的安全风险。

（2）档案业务管理系统安全体系

档案业务管理系统不仅实现档案数据建立、修改、删除，而且在数据建立的基础上，提供档案编目与检索等功能。随着档案信息化的开展，档案业务管理系统将打破局域网的界限，进而向广域网等形式发展。所以，档案业务管理系统安全体系建设必须从根本上保障档案信息安全。

（3）档案业务管理系统防病毒安全体系

计算机病毒、木马程序已经成为危害信息系统安全的重要因素，同样也适用于档案业务管理系统，所以建设合适的档案业务管理系统防病毒安全体系是非常重要的。在建立档案业务管理系统防病毒体系中，档案管理部门根据不同的应用需求，选择不同的防病毒产品，采取不同的查、杀和防御策略，对服务器、重要的系统安全要采取以保护系统安全、数据安全的防御策略；而对于其他终端设备，要采取不能因它而造成威胁整个业务应用系统安全的策略。

3. 档案信息上网信息系统安全体系建设

随着网络技术的发展，档案信息网站的快速发展促使档案信息上网信息系统建设。档案信息网站建设可以用信息的丰富性、检索功能、交流功能、更新速度和友情链接等指标来衡量。档案信息网络的安全保密问题一直是档案人员担心的问题，建立档案信息上网信息系统安全体系将是有效保护网络信息安全的主要措施。

（1）网络防火墙接口技术

防火墙技术可以用来防止外来信息侵入到本地网络系统中。档案信息上网信息系统包括不同的网络体系，即外部网络和内部网络。为了防止外来的不法入侵与攻击，档案信息上网信息系统安全体系可以用防火墙技术来控制网络档案信息安全。为了防止内部攻击，档案管理机构甚至可架设第二道防火墙来提高安全级别。

(2) 信息数据加密技术

档案信息上网系统加大了网络档案信息的传输频率，也使网络信息泄密与截取的可能性加强，因此，网络档案信息数据可以采取不同的加密算法以及水印技术的使用，以防止在整个档案信息上网的过程中档案信息传输的正确性、完整性和可用性。

(3) 网络档案信息备份技术

档案信息上网以及档案网站的建设，使得网络档案载体形式呈现多样化特征。网络档案信息备份内容包括网络信息数据库、电子文件、邮件等。与电子信息资源一样，网络档案信息备份不仅需要定期对备份信息进行校验，而且也需要定期对备份信息与档案信息原件进行核对后，使其得到充分利用。

(4) 网络信息防病毒体系

在整个档案信息上网过程中，服务器端和网络端都面临着病毒的侵害，因此，建立全网络防病毒体系是非常必要的。档案管理机构通过架设病毒防治中心服务器，终端安装防病毒软件，通过实时扫描网络终端，各种服务器、电子邮件等网络协议，及时查杀已知的各类病毒，防止档案信息上网安全。

四、标准规范安全体系

（一）标准规范与信息政策安全

信息政策是一个国家为开发信息资源、发展信息产业、协调信息利用而采取的措施和战略。正确、有效的国家信息政策有助于档案信息化建设。档案信息化法规是国家为推动档案信息化工作而制定的法律、法规、规章与规范性文件，是国家对档案信息化活动进行管理的重要手段，体现着国家档案信息化发展的战略与政策。档案信息化借助现代信息技术与通信技术为用户提供相应的信息服务，档案信息或文件的标准化建设对档案信息的长期保存与管理起着关键性作用。

1. 国家档案信息化法规建设与档案信息安全

(1) 国家档案信息化法规建设的完善程度与宏观把握程度

国家信息化法规建设大多是从宏观角度来把握国家的信息化进程与建设，制定的法律法规具有指导性、普遍性的作用。因此，国家宏观政策对信息安全的重视程度，将对档案信息安全产生间接的影响。

(2) 内部档案信息安全制度

内部信息安全制度则是从微观的角度制定信息安全策略，具有具体性、个性化的特征。

2. 数据保存格式标准与档案信息长期保存

档案是国家机构、个人等在社会生活中形成的具有保存意义的原始记录。档案信息具有原始特征与凭证作用，因此，档案信息长期保存已经成为关注的话题。一是档案信息化过程中的档案信息来自不同的行业与不同的领域，形成的文件格式也不尽相同。另外，不同的档案信息软件开发商具有针对性，很少考虑档案信息的长期保存。

3. 软件开发商的商业行为与档案信息安全

我国绝大多数的档案管理信息系统大多是商业行为，对档案信息安全考虑不周。软件开发商的商业行为滞后于档案信息化过程。

（1）行业软件标准与档案信息安全

档案信息化最主要的是档案信息化应用系统建设。我国档案信息管理系统主要通过信息技术外包形式来获取，具体分为购买供应商开发的即买即用的应用软件包、购买供应商开发的应用软件包，同时要求供应商根据本单位的要求进行某些修改，要求供应商为本单位开发一个完整的能满足其业务需求的全新的电子文件管理系统。

（2）档案信息上网工程与网络数据标准

政府信息上网工程是适应信息化时代的要求，相比较传统方式，网络风险要大得多，制定网络信息发布、保存标准有利于档案信息上网工程的开展。档案信息上网的信息发布、保存标准的缺失导致档案信息安全风险的产生。

（二）标准规范安全体系的构建

档案信息化标准规范建设是档案信息化业务、技术应用和应用系统建设的规范，也是其核心能力与竞争力的体现。统一的标准规范建设不仅有利于档案信息化的过程，而且有利于数字资源的长期保存与管理。档案信息化标准规范建设不仅要对已经颁布的档案信息化标准规范进行监督和指导，同时要制定符合档案信息化标准规范的安全体系。档案信息化标准规范建设可以用档案信息化的政策支持力度、现有的档案信息化标准、规范的应用和所制定档案信息化标准规范总数及有效度来衡量。这里从档案信息化标准规范的管理性、业务性和技术性三个方面建立档案信息化标准规范安全体系。

1. 管理标准规范安全体系

档案信息化法律、法规应覆盖档案信息化建设整个活动范围，其管理标准规范主要体现在国家或地方机构对档案信息化的政策支持力度。

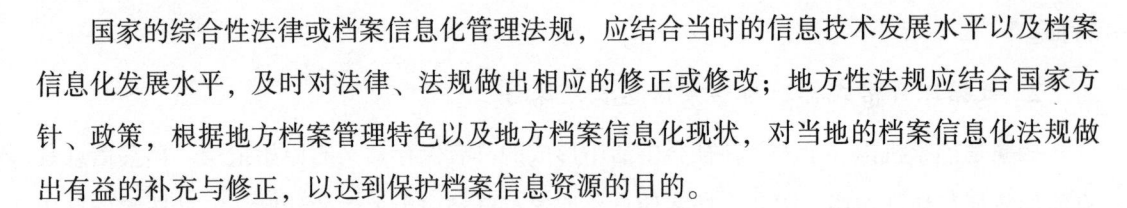

国家的综合性法律或档案信息化管理法规，应结合当时的信息技术发展水平以及档案信息化发展水平，及时对法律、法规做出相应的修正或修改；地方性法规应结合国家方针、政策，根据地方档案管理特色以及地方档案信息化现状，对当地的档案信息化法规做出有益的补充与修正，以达到保护档案信息资源的目的。

2. 业务标准规范安全体系

档案信息化的最终目的是提高档案工作的效率，其业务标准规范主要体现在国家或地方机构对档案工作的专门性法规上。结合我国档案信息化法规现状，档案信息化业务标准规范安全体系建设应包括以下几个方面：档案信息化法规应该是档案信息化活动的法律保障，档案信息化法规应覆盖档案信息化活动的六个方面，因此，档案信息化法规应具体、详细地制定档案信息化六方面具体的建设标准，并制定相应的信息安全标准，从法律上约束档案信息化的信息行为；档案管理部门应制定档案信息化工作专门性规范，提高档案信息化法律的专指度和可操作性，否则，不同的工作模式和不同的标准就会导致档案信息的通用性不强，不仅导致工作效率低下，也会对档案信息安全造成不同程度的影响。

3. 技术标准规范安全体系

档案信息化是信息技术在档案领域的应用。信息技术的应用使档案信息载体形式、提供服务形式以及保管形式都发生变化，相应的技术标准规范约束有利于档案信息化开展。

信息技术是一个不断变化发展的过程，信息技术在档案学的应用也是一个不断变化的过程。档案信息化技术标准规范安全体系建设应根据当时的信息技术条件，实时制定相应的档案信息化技术标准规范；档案信息化技术标准不仅要结合信息技术行业标准，而且也要结合档案信息化自身特征。

第三节　档案信息化安全体系的实施策略

档案信息化安全体系随着档案信息化的发展而发展，安全体系的内容不是固定不变的。这里所构建的安全体系只是结合目前的信息发展水平而构建的。在具体的应用过程中，应根据档案机构或部门自身特征，适当地加以调整，以达到其应用性和可操作性的目的。

一、档案信息化安全体系特征

信息安全是人们永远关注的问题，随着信息技术的发展，信息安全问题显得尤为突出。建立安全体系的目的在于防范档案信息安全风险，使风险造成的损失降到最低。档案信息作为一种社会重要信息资源，又有其自身的特征，因此档案信息化安全体系建立必须符合档案信息化的特征，又不能脱离信息安全体系的范畴。经过对档案信息化安全各要素分析以及各要素之间的探讨，建立一套档案信息化安全体系。该安全体系涉及档案信息化各方面的因素，这里从以下几个方面探讨其特征。

（一）内容完全符合国家档案信息化要求

通过在对档案信息化六要素安全风险分析的基础上，对其进行剖析，为档案信息安全体系构建提供了素材。该安全体系不仅涉及技术因素造成的安全风险，还涉及硬件设施、资源建设、人才建设、标准建设以及信息环境建设等因素造成的安全风险。运用管理学、计算机、数学等多种学科的知识，完成档案信息化安全体系的构建。在内容上，该档案信息化安全体系不仅能够反映国家档案信息化的要求，而且也与社会信息化要求相吻合。

（二）策略基本反映档案信息化安全需求

信息安全体系所制定的安全策略应基本反映信息安全需求，档案信息化安全体系也是如此。这里所建立的档案信息化安全体系从现实需求出发，在每个安全体系中又分为小的安全体系，对其进行分析探讨，制定具体的实施策略，供档案管理部门参考。档案信息安全体系与信息安全体系建设一样，都将随信息技术的变化而发生变化，具体策略的制定应与当时的档案信息环境以及信息技术环境有关，所以，这里所制定的策略只是当时信息技术条件下的反映，所以，实施策略不仅要符合当时档案信息化的技术水平，也反映了当时档案信息化的安全需求。

（三）操作反映档案工作人员的操作能力

可操作性是信息安全体系的特征之一，也是评价信息安全体系的主要指标。所建立的档案信息化安全体系完全考虑档案部门人员的构成要素以及实际操控能力；涉及档案信息化六要素安全体系，每项安全体系下，又包括具体的实施战略与分类方法。通过对具体的实施战略与分类方法的阐述与解释，试图寻找一种简洁、方便、易操作的形式来构建其安全体系。所以，这里所构建的档案信息化安全体系基本体现了档案人员的现实水平，反映了档案工作人员的操作能力。

二、档案信息化安全体系应用策略

档案信息化安全体系具有整体性与系统性，不是简单的技术堆积。档案信息化安全体系依靠技术、管理有机结合。档案管理人员必须以预防安全风险为主，综合管理、人员防范和技术防范相结合，分步骤地建立具有防控一体化的档案信息化安全体系。这里所制定的档案信息化安全体系针对的是档案馆普遍存在的安全风险现状，在应用过程中，各级档案馆可以根据自身特征以及档案特色，适当地加以调整，以便构建基于本档案馆的档案信息化安全体系。

（一）技术应用

电子档案是信息技术的产物，电子档案的特征使档案信息化信息资源安全问题日益突出。电子档案信息安全关系整个档案信息化进程的成败。这里在阐述档案信息化安全体系中，介绍多种技术保障设施。在具体应用过程中，档案管理部门应结合其他方面来完善档案信息化安全体系中的技术应用。

档案信息化需要多部门的通力合作，需要加强档案管理部门、档案研究部门以及高校的交流合作，以开放式的理念做好档案信息化安全体系建设；充分发挥技术在档案信息化安全体系中的作用。档案管理部门要充分认识到档案信息化安全体系与安全技术的关系，以寻求共同提高；加强档案信息化安全体系技术人才的培养，档案管理部门要加强与高校的合作，大力培养高层次人才和专门技术人才，保障档案信息化安全体系人才队伍素质。

（二）标准应用

档案信息化标准建设是档案信息化安全体系的重要组成部分。档案信息化是多学科的综合，档案信息安全标准也具有多学科的特征，制定先进的、统一的标准是非常重要的。新技术与新业务的迅速发展，不仅有利于档案信息化安全标准，也有利于档案信息化安全体系中标准体系建设。这里在制定档案信息化标准安全体系中，从管理、技术和业务三个方面进行探讨。因此，对于档案界来说，应加大制定档案信息化标准的力度，在开展研究的基础上，根据轻、重、缓、急，云档案信息化安全体系标准，以促使档案信息化安全进行。

（三）管理应用

档案信息化虽然是信息技术在档案学中的具体应用，但是先进的信息技术也需要管理去引导，管理则需要技术去实现。在档案信息化安全体系建设中，把管理应用糅合到整个安全体系中。在具体应用中，可以结合以下策略，更好地完善档案信息化安全体系中的管理职能。

1. 加强对电子档案信息的宏观管理

档案信息本身就是一种具有保密性质的信息，电子档案信息的技术性、专业性对档案信息安全造成影响。因此，加强对电子档案信息的宏观管理与监控，将有利于电子档案信息的安全。

2. 制定相关的安全管理制度来约束人们的信息行为

电子档案信息安全因素众多，许多可以通过规章制度来约束，如人员安全管理、文档管理制度、系统运行环境安全制度、机房管理制度等都是管理因素在档案信息化安全中的具体体现。

3. 建立电子档案信息的利用记录

电子档案信息的特征，使我们很难辨认其真实性与原始性，因此，建立电子档案信息的利用记录，不仅可以记录档案信息的利用次数，也可以保障档案信息的安全，保证其原始性与真实性。

（四）人才应用

档案信息化建设的关键在人才，充分发挥人才的聪明才智和科学技术知识，可以间接地保障档案信息安全，也有利于档案信息化中人才安全体系的建设。档案信息化人员要具备文化业务素质、超前服务意识、情报意识和信息处理能力。这里对档案信息化人才队伍安全体系建设中，从人员构成以及人员培训两个方面阐述档案信息化安全体系中人才队伍建设。在具体的实践应用中，档案管理机构应采取以下措施来完善档案信息化安全体系中的人才应用。

1. 做好宣传作用

档案管理部门应通过优惠政策，招揽档案人才。这样不仅为档案人才提供能够提升自我价值和人生目标的平台，而且能改变档案信息人才匮乏现状。

2. 档案领导要加大对自身队伍的培训力度

提升档案工作人员的专业素质，发掘档案信息化人才，保障档案信息化建设的实施，同时也为档案信息化安全体系建设创造条件。

3. 档案管理机构与高校结合

随着时代的发展，高校档案学课程应该进行适当调整，通过在高校档案学课程中加入档案信息化与数字化内容等方式，为档案信息化建设提供高层次的人才和后备人才体系。

4. 完善人才宏观调控机制

档案管理部门通过优惠政策、用人机制、利益和薪酬调控等措施完善人才宏观调控,保证人才因素在档案信息化建设中的可协调性。

第六章 智慧档案馆建设

第一节 智慧档案馆建设概述

一、全方位感知

智慧是生物所具有的基于神经器官的一种高级的综合能力,包含有:感知、知识、记忆、理解等多种能力。在"智慧"的定义中感知能力排在第一位,是档案馆工作拟人化的首要特征。时间变化、冷暖交替等环境的变化对我们人类来说是习以为常的,因为人类拥有强大的感知器官,如眼睛、鼻子、耳朵、皮肤等能够感知到环境、时间、空间等多种复杂的变化。数据处理智慧档案馆的核心技术是感知技术,感知是智慧管理的第一要求。各种感知技术支持下的通过连接到物联网的智能手机、平板电脑、射频识别装置、红外感应器、GPS等智能终端和传感设备是智慧档案馆物联网的神经末梢,智慧档案馆的感知和人类的感知类似,但是比人类的感知范围更广泛、更加理性、更加精确,可以感知不同的层面,并且可以用数据化的方式进行展现或传递。

(一)对档案馆硬件环境的感知

对档案馆环境状况的感知,主要通过楼宇智能管理技术实现,以智能化监测、评价和处置档案管理状态。档案库房内的温湿度直接影响档案的自然寿命。档案库房有一个统一的温湿度标准(温度14℃—24℃,45%—60%的相对湿度),这就需要智慧温湿度自动控制系统能够利用温度感应器感应馆内温度变化,将这一温度传达给智慧中枢系统,中枢系统通过与预先输入的温度指令对比,自觉判断是否应当进行降温或者升温。智慧防灾系统会在出现险情时,立刻通过分子感应器分析判断险情种类,如遇火灾则根据种类选择开启防火门、喷头降水降温等不同的初级控制措施,并在第一时间自动联系火警报警、向档案馆智慧中枢控制系统的专员报告,快速分析出最佳逃生路线,通过馆内语音系统和显示屏引导馆内所有人员逃生;如遇水暖管路破损漏水或馆舍遭雨水侵袭则向档案馆智慧中枢控制系统的专员报告,由专员做出应急预案。通过对光线的感知适时调整档案馆的灯光亮度。

(二)对档案馆的全面感知

物联网是智慧型档案馆的技术基础。利用物联网实现内部及外部信息交换,构成一个基于物联网的通信智慧系统。

通过物联网,不仅仅感知档案馆内的局部或部分信息,而且将"感知"的全面覆盖,全面汲取档案馆内各个角落中的有用信息,对档案馆中存在的人与物进行全面的和深度的感知,将档案馆建筑、档案实体、档案信息、档案人员、档案设备、档案用户等联系起来,将碎片信息感知集中于一体,进行信息交换和通讯,实现对档案实体、档案信息内容以及档案管理信息的感知,并进行智慧化的整合和衔接,从而实现对信息的全面利用。智慧档案馆可以做到全方位感知,通过RFID技术感知读者和档案实体的位置、通过图像采集和轨迹追踪分析读者的行为、通过体感技术感知读者的精细行为乃至心理变化状态,进而精准地判断读者的需求,为档案馆提供精准服务。已经有很多档案馆利用以RFID技术为代表的智能感知技术实现了档案实体的盘点、查找、定位、顺架、分拣等一系列基础性工作。而精准服务更是只有在智能系统的帮助下才能实现。

通过管理策略和相应的技术手段,档案内容、档案管理信息与互联网联系起来,进行信息交换和通讯,实现对档案实体的感知、档案内容信息的感知、档案管理信息的感知,即感知档案、感知信息、感知管理。以智能化识别、定位、跟踪、监控和管理档案实体;对档案内容的感知,主要通过智能化的数据挖掘技术实现,以智能化识别、抽取、整合和应用档案信息。

此外,档案馆作为国家最为重要的、保存社会原始记录的重地,不仅承担着"维护历史的真实面貌"的职责,同时还需要"为现实的社会主义现代化建设和历史的长远需要服务"。这就要求档案馆要开阔视野,摒弃以我为大的思维。除了对馆内展开全面深入的感知之外,档案馆还应对全社会的信息有所感知,并能满足全社会建设发展的需要,真正在馆内及全社会中实现档案工作者与档案、档案利用者与档案、档案与档案、档案与馆、馆与馆、馆与全社会等全面深度的感知。智慧技术和智慧管理已经成为新的发展趋势。档案馆应跟进技术发展的新趋势,研究智慧档案馆的发展理念、工作目标和实现路径,开展智慧档案馆建设,为档案馆事业的持续发展创造条件。

二、立体互联

相比传统档案馆而言智慧档案馆已经更多地融入了现代科技的元素,比如温湿度自动控制系统、档案管理系统、电子监控系统和有线及无线网络系统等，智慧档案馆的硬件设施得到了很大的改善，并且设备、系统、资源和人员之间建立了充分的立体互联，互联是智慧档案馆的核心要素。智慧档案馆的互通互联包括三个层面：

（一）单个档案馆内部的互通互联

单个档案馆内部的互通互联属于初级层面的互通互联，指的是档案馆内各馆室之间的互联，打破馆内各部门之间现有的模块化管理模式，档案馆工作人员在内部互联的基础上形成一个整体。单个档案馆互通互联既有物理环境下的互通互联，也有通过互联网实现的互联，是物与人、物与物、人与人之间的互联。有了全方位感知的信息和模式，还应进一步网络化才能使之发挥更大的功效，这里的网络化涉及有线网络、移动互联网、物联网等，全方位的网络化才能实现全方位、立体的互联互通。物理环境下的互通互联是档案之间的互联、部门之间的互联、楼层之间的互联、计算机之间的互联、数据库之间的互联、各感知元件之间的互联等；虚拟环境下的互通互联是档案馆馆员与档案用户之间的互联、人机交互的互联互通等。在档案馆内的立体互联、协同共享，实现的是档案实体、档案信息、档案管理环境的一体化管理和交互式管理。

智慧档案馆的智慧性依赖于档案馆智慧中枢系统的支持，档案馆智慧中枢系统能够将馆内各类设备、档案、信息单元、馆员、用户等通过物联网联系起来。智慧中枢系统作为使档案馆具有智慧性的核心组件，通过预先设定好的计算机指令指挥馆内各系统工作，实质上是具有人工智能的 CPU 处理设备，能够对来自所有设备、系统的实时数据进行集中处理并加以关联，从而实现档案馆对这些要素的智能感知。

（二）档案馆之间的互通互联

档案馆之间的互通互联是在单个档案馆内部互通互联的基础之上的更高层面的信息共享，馆际的立体互联、协同共享，实现的是档案馆在档案服务方面的升级与理念的转变，使档案利用者可以把单个档案馆作为"切入口"，进而进入到互联的所有档案馆形成的大的整体中去，获取所有互联体中的档案馆的共享信息。档案馆之间的互通互联打造的是泛在的承载网络，将各种采集信息和控制信息进行实时准确的传递，实现人与档、人与人、档与档的互联互通，让用户可以不受时空限制利用任何方式获取档案馆服务，真正成为用户身边的档案馆，最大限度地呈现信息和服务获取的便捷性。

（三）档案馆与其他部门的互通互联

档案馆与其他部门的互通互联是最高层级的互通互联，档案馆在行业内部实现互通互

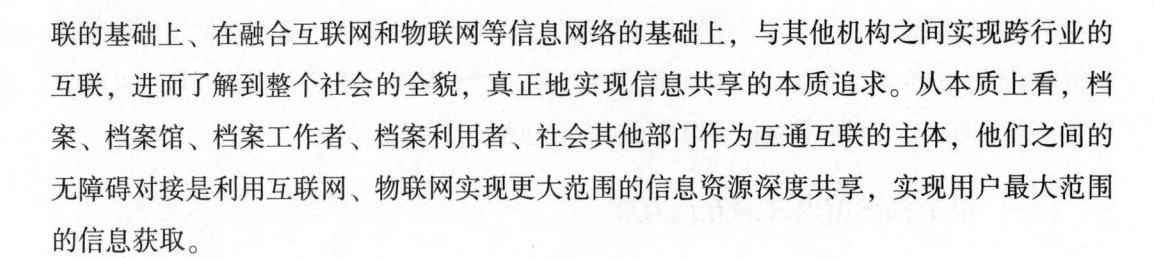

联的基础上、在融合互联网和物联网等信息网络的基础上，与其他机构之间实现跨行业的互联，进而了解到整个社会的全貌，真正地实现信息共享的本质追求。从本质上看，档案、档案馆、档案工作者、档案利用者、社会其他部门作为互通互联的主体，他们之间的无障碍对接是利用互联网、物联网实现更大范围的信息资源深度共享，实现用户最大范围的信息获取。

三、无限泛在

建设智慧档案馆目的是消除信息壁垒、信息孤岛，实现全面立体的联通和协同共享，形成档案服务的无限泛在。将全方位感知到的信息以及立体互联所共享的信息，利用互联网、广播电视网或电信网等渠道提供给档案利用者，形成一个任何时间、任何地点、任何人都能获取到档案信息的无限泛在模式，实现档案的利用功能在利用渠道和角度上的全方位覆盖。这里的泛在，指的并不是实体档案馆和档案工作人员的随处可见，而是档案服务的随处进行，是将档案利用工作的便捷性、随时性全交给利用者，满足利用者对档案的利用需求。

档案的利用需求千差万别，档案利用者对于档案的了解程度也参差不齐，其中一部分利用者可独立完成对档案的利用；另一部分则需要依赖于档案工作人员的协助。这就要求，智慧档案馆的无限泛在，不仅是将复杂的、多样的档案利用工作整合为几个简单、可行的方案，同时还要求具备和满足个性化的互动，切实地帮助利用者去利用档案。无限泛在分为时间上、空间上、方式上的泛在。

（一）时间上的泛在

档案馆作为政府职能部门、作为高校、企业其他单位的信息中心，需要承担为公众提供档案服务的重要职能。传统物理实体档案馆在固定的时间范围内向公众提供服务，超过这个时间公众对档案的利用需求就不能得到满足。但是，公众对档案利用时间不是固定的，这就造成了档案馆难以满足人们随时利用档案的需求。档案馆数字化、网络化建设的全面开展为智慧档案馆建设打下了坚实的基础，智慧档案馆可以为广大利用者提供全天候的档案利用服务。档案利用者，可以通过互联网在电脑、手机等设备上随时获取到所需的档案信息。智慧档案馆在时间上的泛在利用功能，是档案馆服务和管理方面在时间上的泛在。

（二）空间上的泛在

档案馆在何地可以提供利用，是档案服务在空间上的限制。传统上，用户利用档案指的就是前往具体的档案馆检索、查阅利用档案。传统的档案馆是一个空间上具体位置的存在，智慧档案馆的服务利用工作在空间上已经进行了无限的扩展。因特网把地球上所有能够联网的档案馆融为一个整体，借助因特网档案利用者可以在任何一个地方通过网络登录档案馆网站查找所需信息，在任何地点都可以利用到所需的档案信息。智慧档案馆在空间上无限泛在的特征，颠覆了陈旧、固化的空间观念。

泛在利用功能将传统意义上发生在档案馆内的管理概念，无论是时间上还是空间上，都延展到了档案馆外。使原本以档案馆对外开放时间、以档案馆的物理位置为逻辑点的管理和服务模式发生了的变革，不仅让利用者可以随时随地地利用到相关服务，同时档案馆这样虚拟的泛在，为档案人员和档案利用工作带来了新的思考。

（三）方式上的泛在

传统档案馆提供服务的模式是开展馆内打印、复印、借阅、开设档案展览等形式，受时间、空间、形式、个性等因素的限制，已经无法满足新时代用户对档案服务的需求，互联网技术特别是移动互联网技术带来了档案馆服务时间、空间上的全覆盖。为使用者带来了方便快捷的服务体验和服务效益，带来了使用者自主选择的自由、平等与互动。

档案馆自助服务是智慧档案馆服务方式泛在的一种体现。这种方式随着其他行业自助服务的不断普及不断地出现在档案服务领域，是指用户通过企业或第三方建立的网络平台或终端，实现对相关产品的自定义处理。通过自助服务用户能自行解决大部分简单的问题；用户可跟踪了解自己所申请事件的处理情况，同时可对每次请求做出满意度反馈。银行的自助柜员机，图书馆的自助借还机，公共交通的自助服务，各行各业的自助服务广泛普及。

智慧档案馆的发展，正处于各种新媒介不断涌现的背景之下。近年来不仅网站、出版等媒体数量激增，同时还出现了博客、微博、微信、手机客户端等各种媒介形式。全媒体时代的到来，全媒体不断发展，出现了全程媒体、全息媒体、全员媒体、全效媒体，信息无处不在、无所不及、无人不用。从"纸媒时代"到"微博微信"再到"视频、H5、VR全景"……为智慧档案馆通过各种渠道开展档案利用服务提供了可能，体现了智慧档案馆在利用方式上的泛在性。全媒体指的是，"媒介信息传播采用文字、声音、影像、动画、网页等多种媒体表现手段（多媒体），利用广播、电视、音像、电影、出版、报纸、杂志、网站等不同媒介形态（业务融合），通过融合的广电网络、电信网络以及互联网络进行传播三网融合，最终实现用户以电视、电脑、手机等多种终端均可完成信息的融合接收（三屏合一），实现任何人、任何时间、任何地点、以任何终端获得任何想要的信息"。从定义中，我们不难看出，全媒体并不意味着对传统媒介的排斥，反而是新旧媒介的极大融合。智慧档案馆从全媒体的视角开展档案利用工作，同样也不是为了摒弃传统的档案利用模式，而是在融合传统的模式之上扩展新的渠道，使得更多的公众可以更方便、更快捷地利用到档案，是对已有的档案利用服务的补充和完善。在媒介的使用上，档案馆已经利用了很多的媒介，智能手机通过移动互联网可以利用档案馆的几乎所有功能，查阅、检索、网上借阅等一系列的功能。

四、以人为本

以人为本是与以物为本相对应的发展观，是科学发展观的核心，体现了中国共产党全心全意为人民服务的根本宗旨。以人为本，不仅主张人是发展的根本目的，回答了为什么发展、发展"为了谁"的问题，而且主张人是发展的根本动力，回答了怎样发展、发展"依靠谁"的问题。"为了谁"和"依靠谁"是分不开的。人是发展的根本目的，也是发展的根本动力、一切为了人、一切依靠人二者的统一构成以人为本的完整内容。

智慧城市建设的突出特点就是强调以人为本的，核心是运用创新科技手段服务于广大城市居民，让市民融入智慧城市的建设之中，共同塑造一个开放的创新空间。智慧城市建设的各项工作要立足于满足群众工作和生活的需要，让人民群众生活得更方便、更舒心、更幸福，这是智慧城市建设的基本出发点。无论是运用怎样先进的科学技术，或是城市内各部门间如何协同合作，智慧城市的根本立足点是为了让人们生活得更便捷和舒适，智慧城市建设的本质落脚点是人，体现了以人为本的精神。智慧档案馆概念源引自智慧城市的概念。智慧档案馆的建设，也是参照着智慧城市总体建设的框架之下摸索前行的。与智慧城市相同，智慧档案馆的建设也注重从公众的角度出发，通过社交网络手段加强用户的参与度，汇集公众的集体智慧，实现以人为本的可持续发展。因此，智慧档案馆建设应与智慧城市建设一样要以人为本，以人为本、高效服务是智慧档案馆的灵魂。智慧档案馆所展现的其他特征，也都是紧紧围绕智慧档案馆建设中的人（档案管理者和档案利用者）的因素而凸显的特征。智慧档案馆最重要的特征之一是全方位感知，感知的对象包括档案实体、档案内容、档案馆建筑、档案用户等，档案馆工作人员不用亲自查看所感知的所有情况，从一定意义上来说，档案馆工作人员能一定程度上从具体的、重复的工作中解放出来，将工作重心投入更有价值的工作之中去，提高了档案馆工作人员的效率、提高了档案馆用户的满意度；智慧档案馆的立体互联和无限泛在特征为档案利用者带来了巨大的便利。立体互联使馆际、档案馆与其他部门之间连为一个整体，档案利用者可以从一点切入查找所有所需档案信息；档案服务在时间、空间、方式上的泛在，让档案利用者可以足不出户、全天候都能查找到所需要的档案信息。可持续发展特征，是站在更高更远的全人类的视角，让档案馆变成一个绿色、环保、持续发展的部门，体现的是更高层级的"以人为本"。

智慧档案馆的这些特征之间，一定程度上可以说是递进的关系。全方位感知是基础，立体互联是全方位感知后的发展。二者同属于技术背景支撑，而感知又是互联的依托，它们可以使智慧档案馆更智慧、更高效地运行。而无限泛在则是落脚点，是因为无论档案馆模式如何推陈出新，其根本宗旨仍是为了更便利地进行管理和服务。再者，作为一个开放式的档案馆发展新模式，作为国家一个持久的、重要的职能部门，可持续发展档案工作、档案事业是最终目标。最后，上述四个特征都是紧紧围绕智慧档案馆的"以人为本"而来的，并以此作为核心出发点，指导了智慧档案馆的理论建设和实践发展。小到馆内具体技术的选择、软件的编辑、管理系统的使用，大到档案馆总体规划、发展、建设，皆以不违反"以人为本"的落脚点为根本原则。从档案馆的层面来看，在智慧档案馆的体系中，档案馆可以分析用户查询利用档案的数据，分析用户的信息需求，从而为用户提供个性化的服务，引领档案馆管理服务的创新升级。从用户的层面来看，基于智慧档案馆的公共服务平台，用户利用智能终端设备经由互联网便捷地获取所需的档案信息资源、接受档案咨询服务，创新了档案馆管理与服务的新形态。

五、更深入的智能洞察

智慧档案馆的智慧体现在检索的快速性、定位的准确性、知识咨询以及解答的及时性上，是没有档案馆工作人员参与的情况下，档案馆自身能够保证馆内各项系统的运行，实现自我管理，工作人员负责监督。智慧档案馆需要洞察用户的信息需求，当用户进行检索时通过智慧检索设备能够对用户的检索结果进行分析，将检索的最终结果以摘要或者综述的形式呈现给用户，可以根据用户的需求将检索结果进行相关度分析，并通过可视化分析将关系结构图展示给用户，提供信息的深度挖掘。档案馆重视用户体验，可以设置用户评价系统对档案馆的服务进行打分评价，将用户反馈的建议纳入数据库中，计算机智慧中枢系统根据需求随时将用户反馈信息整理、分析，形成辅助决策报告书，呈现给档案馆工作人员及决策者，以便于智慧档案馆的决策更加具有针对性、精准性。通过对这些相关信息的串联存储以及分析，可以大大提高决策结果的科学性，使智慧档案馆成为主动的"有感官的有机体"。

六、更高效的协同管理

随着智能技术的采用，档案馆不仅可以实现本馆内部要素之间更好的协同，还可以实现行业协同、地区协同、国家协同、全球协同等，使资源由分散趋向集约、由异构趋向统一，克服资源在布局上各自为政、分散管理和重复建设的弊端，提高档案馆的服务效率，并且协同所需花费的时间、精力、物力成本等都将大幅压缩，协同服务的质量大大提高。不过，这些协同都是建立在更好的感知、广泛的互联互通和更深入的智能洞察基础之上的。①IBM提出"智慧地球"概念，包括三个维度：第一，能够更透彻地感应和度量世界的本质与变化；第二，促进世界更全面地互联互通；第三，在上述基础上，所有事物、流程、运行方式都将实现更深入的智能化。②那么根据智慧地球的维度概念，智慧档案馆应该具有全面感知馆内的所有组成部分；档案馆与用户实现全面的互联互通；档案馆的所有组成部分、运作流程、运行方式实现智能化。智慧档案馆的主要特点是无处不在的网络环境，无所不包的海量数据环境与共享以及无所不容的业务管理和服务模式。

第二节　智慧档案馆与数字档案馆的关系

　　档案馆的发展是随着人类社会生产力的发展不断演进的过程，是一个逐步应用新兴技术的过程，到了近现代，随着现代信息技术的发展，档案馆从传统的手工管理模式逐步走向数字化管理、智能化管理模式。

　　智慧档案馆同数字档案馆相比，二者是什么关系？二者边界在哪里？厘清智慧档案馆与数字档案馆的关系，找准智慧档案馆的建设定位，在智慧档案馆研究、建设中起着重要作用。数字档案馆、智慧档案馆，"数字"和"智慧"都是"档案馆"的定语，起修饰作用，二者在范围上从属于"档案馆"的定义，档案馆是收集、保管档案的机构，是永久保管档案的基地，是科学研究和利用档案史料的中心。无论是数字档案馆还是智慧档案馆都以这个档案馆的定义为基础；从特征上看，"数字档案馆"是档案收集、处理、存储、查询等档案管理活动的数字化、电子化、网络化。而智慧档案馆是档案馆在数字化、电子化方面的深入。智慧档案馆在概念描述、基本特征、技术基础、管理对象、管理模式、管理手段与管理质量上与数字档案馆还是有较大区别的，以下主要从二者的联系和区别两个方面来讨论。

一、数字档案馆与智慧档案馆的联系

　　数字档案馆是在传统档案馆的基础上发展起来的，通过将传统档案馆的馆藏资源进行数字化，通过档案管理系统对数字化资源进行系统化管理。智慧档案馆是在数字档案馆功

能基础上进行延展和提升，将现代信息技术（物联网、云计算、大数据等）更加深入、更加广泛地应用于智慧档案馆的管理及服务。智慧档案馆将互联互通、协同协作、资源整合、价值发现、互动服务等类似于人类智慧的主动、智能、预知充分展现出来。

关于二者的联系业界存在着两种主流的观点。

（一）升华论

智慧档案馆是数字档案馆的延续和升华。在数字档案馆建设基础上加上具有全面感知、可靠传递、智能处理等特征的物联网就是智慧档案馆的雏形，智慧档案馆是数字档案馆的延续和升华。与数字档案馆相比智慧档案馆的档案信息化工作更为深入，对馆藏资源的管理更为精细。智慧档案馆与数字档案馆都是信息化形态的档案馆，只不过智慧档案馆发展到了档案馆信息化的更高形态，是数字档案馆的继承与发展。

（二）交叉论

智慧档案馆与数字档案馆相互支持、相互配合，交叉并行存在，智慧档案馆与数字档案馆相互独立、各司其职，智慧档案馆为数字档案馆提供智慧化和感知等技术服务，数字档案馆为智慧档案馆提供基础数据支持。数字档案馆和智慧档案馆是相互独立的观点割裂了二者的紧密联系。二者没有明显的界线，是有着紧密联系的。智慧档案馆由数字档案馆平稳过渡而来。

二、数字档案馆与智慧档案馆的区别

数字档案馆是运用数字技术管理数字化档案，而智慧档案馆是利用感知技术对档案资源进行智慧化管理，因此智慧档案馆在具体概念、管理对象、基本特征、技术基础等方面都存在着明显的区别；与数字档案馆相比，智慧档案馆在馆舍环境、档案库房、制度规范、管理对象、IT设施、应用系统、信息服务、管理运作和档案人员九个方面实现了全面现代化管理的改造和升级。

（一）概念的区别

在概念上，数字档案馆是各级各类档案馆为适应信息社会用户日益增长的对档案信息资源管理、利用需求，运用现代信息技术对数字档案信息进行采集、加工、存储、管理，并通过各种网络平台提供公共档案信息服务和共享利用的档案信息集成管理系统。智慧档案馆是以多元化的档案信息资源为基础，将新一代物联网、云计算、大数据分析等智慧管理技术充分运用在档案管理的各个环节，智慧化地管理档案，实现档档相联、人档相联、人人相联的目标，为用户提供智慧化服务的档案馆，是档案信息化发展的高级形态。二者在概念的文字表达上存在明显区别，数字档案馆在概念上可以总结为对数字档案进行管理的一个集成系统，而智慧档案馆在概念上总结为融合各种新技术对档案进行智慧化管理的集成系统。

（二）基本特征的区别

数字档案馆的核心特征是数字化，智慧档案馆的核心特征是智慧化。数字档案馆是在计算机技术、数字化相关技术普遍利用，档案资源的传统载体向数字化载体进化，社会对档案信息的需求逐渐增多，对提供档案服务的方式也产生了根本上的变化，加上政府大力推动数字化建设的背景下产生的。在实体档案馆的基础之上，引进计算机辅助档案管理系统，实现档案目录的信息化，在档案目录信息化的基础上通过对档案载体的大规模数字化发展起来的。

信息化加速推动传统档案馆馆藏数量的猛增，实体档案馆为解决纸质档案增多且难以长久完好保存的现状纷纷开展数字档案馆的建设。我国数字档案馆馆藏的主要来源一是经过数字化的传统档案；二是原生的电子文件。数字档案馆的产生，解决了传统档案馆馆藏数量及其寿命有限和利用范围受限等问题，使档案信息得以脱离传统载体的束缚，以数字化形态存储、传播与利用，给档案工作带来革命性的改变。

智慧档案馆的馆藏建设包括三大模块：第一，档案资源保存库。包括基于射频识别技术的档案实体、档案数字化成果、原生电子文件、社会运行及管理信息的归档库、档案目录数据库以及档案载体信息数据库等；第二，档案特色资源聚合库。城乡特色档案资源、少数民族档案、对档案资源深度挖掘开发的高附加值的知识产品等；第三，档案馆管理运行库，包括人员基本信息、档案利用服务数据、楼宇管理以及信息技术、信息系统等数据信息。

数字档案馆在资源建设上存在一定的局限性。一是馆藏来源有限；二是档案管理工作未有实质性突破。数字档案馆带来了档案信息管理的革命，而非档案管理的革命。数字档案馆只是为传统档案资源建立了数字镜像和利用平台，只是对传统档案管理的做法做了信息技术条件下的"模拟"；三是档案缺少"智慧"功能。数字档案馆将沉睡中的实体馆藏档案变成有生命力的、可以流动的数字档案资源，但由于缺少"智慧"，档案与档案、用户、管理数据库之间未实现有机结合。因此，它并不能帮助档案工作人员有效地开展深层次的业务工作。对档案用户来说，数字档案馆根本上只是一个检索平台，对拓展其利用思维所起的效果少之又少。

（三）技术基础的区别

数字档案馆核心技术基础是"数字技术"；智慧档案馆核心技术基础是"感知技术"。

1. 数字档案馆技术基础

数字档案馆主要运用了数据描述技术、高层协议技术、图像与视频数据检索技术、多媒体数据压缩与传输技术、数据加密技术、数字档案馆交互界面技术等。数据描述技术是指对数字档案资源的分类著录格式的描述，是对传统著录标准的扩充；高层协议技术是为解决不同平台的统一问题，保证数字档案资源能被最大化获取以及利用并实现信息的互访互通；图像与视频数据检索技术是为应对图形、图片、视频等多媒体形式的数字资源的组织、表达、存储、管理以及查询检索所运用的技术；多媒体数据压缩与传输技术是为应对数字档案资源的大量存储以及快速流通的要求；数据加密技术是为防范网络犯罪带来的挑战；数字档案馆的交互界面技术将在很大程度上决定用户满意度。

2. 智慧档案馆的技术基础

智慧档案馆核心技术基础是感知技术，运用物联网、云计算、大数据、移动互联网、移动支付等技术等来实现智慧化的管理与服务。数字技术仍然是智慧档案馆建设的技术基础与前提。物联网的运用孕育了智慧档案馆的出现。物联网，即物与物相连的网络。它是智慧档案馆的技术基础。物联网的核心技术是射频识别 RFID，又被称作电子标签或无线射频识别。它运用射频识别、红外感应器、激光扫描仪、全球定位系统等信息传感设备，按照特定的协议，把任何物体与互联网相联，实现信息交换与通信，以达到对物体的智能化识别、定位、跟踪、监控和管理。物联网需要存储数以亿计的传感设备在不同时间采集的海量信息，并对这些信息进行汇总、拆分、统计、备份，这需要具有弹性增长的存储资源和大规模的并行计算能力的云计算作为支撑。利用云计算技术，智慧档案馆的信息资源都可以存储在云上，具有资源优化、节约成本、方便管理的特点。

智慧档案馆应以实现档案与用户、档案与馆舍、档案与设备、档案与工作人员、用户与用户、用户与工作人员等无时不在、无处不在的感知与互联为最终目标。具体来说，一是对档案的感知。即在物体中嵌入传感设备，赋予其特定的数字信号，通过无线电信号识别特定目标，读写物体的状态与需求，实现物体与档案管理者之间的沟通。二是对档案利用者的感知。智慧档案馆的智慧在于它能分析利用者所携带的具有识别价值的个人信息，进而提供其可能需要的档案。三是对档案馆的感知。对档案馆内的一些物理设施安装相应的传感设备，实现物联。另外，利用云计算技术将虚拟化的资源联系起来，确保用户通过智能手机、iPad等各种移动设备就可以获得服务器端强大的计算、存储和应用程序，实现无时无刻、无处不在的访问档案资源。

数字档案馆和智慧档案馆都是信息技术的产物，但从根本上说，数字档案馆的技术基础更多是为满足实现传统实体档案馆的信息化而建立起来的。因此，数字档案馆的核心是数字技术。运用数字技术管理起来的数字化档案资源，彼此之间缺少必要的联系，对档案管理工作所起到的反馈作用不大。

（四）管理对象的区别

数字档案馆的管理对象为档案数字化成果和电子档案，属于中粒度信息管理阶段，智慧档案馆的管理对象为档案内容信息，从中直接挖掘信息，达到细粒度管理档案信息的层级。数字化档案信息资源：档案数字化成果和电子档案，属于中粒度管理档案信息阶段；档案内容信息，通过数据挖掘技术将其数据化，属于细粒度管理档案信息阶段。

（五）管理方式的区别

数字档案馆是在传统实体档案馆将馆藏档案资源数字化的基础上建造起来的，在此基础上逐步实现并扩展无纸化归档，因此在管理模式上数字档案馆与传统实体档案馆类似。数字档案馆对隐性知识的挖掘往往存在较大的局限，在满足自身工作之外，对其他信息用户利用行为缺少必要的数据挖掘。感知与互联是智慧档案馆建设的核心要素。

1. 数字档案馆的管理方式

由于数字档案馆的建设及管理大体上是依附某个传统实体档案馆的，因此对物理环境的管理上，建筑设施以及档案设备往往缺少智能化，导致馆藏实体档案与存储环境、建筑、设备之间的状态是相互脱节的。需要档案人员手工有序排放档案，以确保在调档的过程中能准确地找到档案；在档案的收集过程中，往往是下级移交什么就收什么；对档案的管理上，一般会在档案管理系统中著录档案的题名、分类号、关键词等信息。在档案的提供利用上，往往通过检索利用界面向用户提供档案的查询服务。

数字档案馆是用数字编码技术收集、存储及管理数字资源的分布式信息系统，它与数字档案资源之间具有明显的信息传递单向性。并且由于馆藏实体不具备接受反馈信息的能力，导致这些虚拟信息无法反馈到馆藏资源中。与此同时，数字档案馆缺乏组网的功能，它的互联大多是基于部门的，导致数字档案资源容易被孤立。

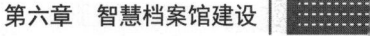

2. 智慧档案馆的管理方式

智慧档案馆在收集档案的阶段，在每件档案中配置一个具有传感功能的射频识别标签，存储档案所蕴含的数据信息，例如位置数据、元数据等，解决档案资源与档案管理系统之间没有桥梁的问题；在档案的提供利用阶段，借助物联网节点独立寻址的功能，使信息汇聚节点对每件档案中的射频识别标签进行检测，判定档案的状态是否在库或借出，确定档案的排放位置等；在档案的监督管理阶段，射频识别技术综合其他感应技术，确保对档案馆建筑以及各种档案管理设备的实时监测与控制，例如射频门禁会根据系统安全设置，识别所有通过门禁档案的安全值。与此同时，利用档案射频识别标签的读写器，将获取到的档案管理信息进行数据挖掘。改变实体档案以往被动地接受档案管理系统的管理状态，实现主动地向档案管理系统传输管理数据，真正达成对馆藏档案的全面感知和实时监控。

仅仅使用物联网、云计算等新技术的档案馆并不是真正意义上的智慧档案馆。技术只是一种手段、一种工具，是为更好地管理档案所借助的外力。技术要依附内容，更要依附管理。智慧档案馆要运用射频识别技术，实现对档案实体的感知、档案信息的感知、档案管理的感知，对档案全生命周期进行智慧化管理。在这一过程中，充分利用大数据以及云存储技术，对到期档案的自动收集，对未完结档案的预采集，保证数据管理在档案收集时实现最大程度的自动化；还要提高应对用户反馈的能力。充分利用智慧档案馆立体互联的特征，打破档案与档案、用户、档案部门、物理环境之间的信息壁垒，及时反映档案管理的运行状况，为档案部门应对与处置提供策略与建议。

（六）服务模式的区别

1. 数字档案馆的服务模式

从服务内容上说，数字档案馆以信息服务为主，即实现档案信息的传递和获取。一般情况下，用户通过数字档案管理系统的检索利用界面查询档案，传统的档案检索技术只能确定档案是否在库、能否全文查阅等。因此，在与用户的联系中，更侧重用户对数字档案管理系统的利用，用户最终获取到的是档案本身而不是知识；另外，由于数字档案管理系统与实体档案之间通常呈现相互脱节的状态，并且数字档案管理系统在一定程度上受限于软件开发商，这就导致数字档案管理系统能积极主动为用户提供反馈的服务能力非常有限。

2. 智慧档案馆的服务模式

智慧档案馆凭借大数据的预测功能，能自动感知外界信息，通过对档案馆所感知到的数据进行挖掘，并与档案自动联系起来，便于档案人员应对突发事件以及日常管理。智慧档案馆利用云计算技术，将档案信息资源存放于"云"上，使档案信息资源处于无界化状态，彻底打破了时空限制，用户通过手机、iPad 等移动设备就能轻松获取到档案，真正实现了档案资源共享。另外，智慧档案馆的档案管理系统与档案、与用户之间是泛在互联的关系，通过用户反馈以及数据挖掘，能迅速地对每件档案进行标记，实现对档案资源的全方位、立体化的管理。

数字档案馆在对外服务上仅限于档案网站上的在线检索、在线查档、在线咨询等业务。在应用设置上，也多基于档案馆自身的视角开展，很少将公众的实际需求融入其中。由此，以用户为中心的知识服务才是档案工作的根本宗旨，应该成为智慧档案馆建设的最终目标。为此，应该紧紧围绕利用者，结合云计算，开发多平台、多渠道的应用系统，如电脑终端、手机终端等的档案馆应用程序；此外，运用数据挖掘预测需求导向以及分析利用者的实际情况，确保用户个性化服务的实现；最后，尽管运用数据挖掘技术，可以对用户的浏览记录、IP 地址等进行分析、预测，获取一些具有价值的隐藏信息，但对档案工作者来说，提升信息素养与信息能力，是解决服务为先问题最关键的突破口。

智慧档案馆应是对传统档案馆的沿革而非否定，对智慧档案馆的研究仍然需要立足于档案学基本理论体系，并从传统理论中汲取营养，固本而后求新。智慧档案馆的研究并不是"新瓶子装旧酒"，对传统理论"贴时代标签"的研究，也不是追求新潮，对新技术舍本逐末地狂热迷恋。理想的智慧档案馆研究应是一个涵盖宏观设计与微观实施，兼有理论研究与实践探索的研究体系，具体内容应包括：智慧档案馆基本理论体系的构建、智慧档案馆系统框架结构的设计以及智慧档案馆的实施方法论等内容。

以实体档案馆为基本依托，侧重于纸质档案数字化和电子档案管理的第三代数字档案馆，再到现如今以资源多元、全面感知、综合处置、双模存储、泛在应用为特点的第四代智慧档案馆。智慧档案馆是在数字档案馆发展和智慧城市建设背景下，档案馆发展的高级形态。数字档案馆具有馆藏数字化，传输网络化，管理自动化，资源共享化的特征。二者都具有数字化、网络化的特征，智慧档案馆是数字档案馆的延续和升华。智慧档案馆聚焦于信息技术的支持，更注重高品质管理和优良的服务，并提升管理与服务的智慧程度，从数字信息切入到可持续发展的管理和以人为本的服务，这也是其智慧发展的根本转变。

智慧档案馆与数字档案馆的根本区别在于前者具有档案信息感知与协同处置的功能。智慧档案馆综合运用先进的物联网技术、云计算技术和自动控制技术，构建一个感知并根据预设方案和案例经验等自动处置档案内容信息、载体信息和管理信息的档案综合管理和控制体系，以提高档案管理与档案馆运行的效率和服务水平。真正的智慧档案馆应该是充分运用各类技术手段，对档案资源管理与开发、档案馆运行等各类信息进行感知、挖掘，经综合分析和提炼萃取形成智慧信息，并将其应用于决策、管理和服务。从某种意义上讲，智慧档案馆的"智"可以概括为智能地感知与告知信息；"慧"可以概括为聪明地应对与处置信息。

与目前的数字档案馆相比，智慧档案馆的服务范围将因使用移动服务技术而更为广泛。采用有线宽带技术和无线宽带技术，使智慧档案馆成为宽带档案馆和无线档案馆，在档案馆内将实现档案信息感知与服务的泛在化；并通过三网融合的互联网、第五代移动通信（5G）网络等服务平台，实现城乡档案信息利用服务的全覆盖。智慧档案馆能够在数字档案馆的基础之上，通过各类采集终端和各类有线、无线宽带网络技术，实现物联网、互联网和移动互联网等网络互联，随时采集环境信息、物体动态信息，增强智慧档案馆信息获取、实时反馈和随时随地智能服务的能力，充分发掘数字档案的资源优势，运用新的信息技术和通信技术手段感知、分析、整合档案资源与档案馆运行的信息，从而对于包括档案收集、管理、利用、存储、监督等活动在内的各种需求做出智能响应和智慧支持，为档案馆中物与物、人与物、人与人的全面互联、互通、互动提供基础条件，为档案管理和信息开发创造更美好的前景。

智慧档案馆不仅是档案资源管理与开发的平台，也是智慧城市的重要组成部分，在智慧城市体系建设中发挥着极为重要的作用。如对社会事业与公共服务信息化而言，智慧档案馆可以以市民和社会组织需求为导向，发挥多元化档案信息资源的服务作用，建立广覆盖、多途径、多样化的档案信息服务体系，让市民和社会组织享受到档案信息化带来的智慧服务和个性化服务。对电子政务而言，智慧档案馆可以以方便公众办事、提高工作效率为出发点，为党政机关和基层组织提供智慧化的档案信息共享支撑平台，促进公共事务的协同办理，进一步提高公共服务的便捷性。

信息技术的发展日新月异，不同阶段呈现出不同的特点。信息技术的特点主要表现在以下三个方面：一是物联网技术的发展；二是云计算的广泛运用；三是移动通信技术的普及。在大的信息技术发展背景下，数字档案馆的建设逐渐显露出一些局限性。首先，数字档案馆依附于实体档案馆的基础上建立，没有从国家城市数字化发展的整体角度进行数字档案资源的整合工作，缺乏宏观层面上的档案管理组织架构和工作体系的全局部署，因此很难实现城市档案资源的整合管理以及高效利用；其次，数字档案馆的档案资源主要来源于馆藏档案数字化和电子文件的移交，信息资源仍然受限于馆藏档案，因此很难突破传统档案馆的局限性；最后，由于技术上的缺陷，数字档案馆在档案信息的管理、服务等环节上存在不同程度的不足。面对这些局限，档案部门应融入"智慧化"的建设潮流中，充分利用物联网、云计算等新兴技术，在数字档案馆建设的基础上，将档案信息化建设推向更高阶段。

第三节　智慧档案馆的建设架构

智慧档案馆的建设架构的搭建既要以传统实体档案馆和数字档案馆为基础，又要在自动化、系统化、智能化、人性化等方面扩展其功能。一方面，智慧档案馆的建设与发展需要深化应用物联网、云计算、移动互联网、大数据等不断深化的新技术，丰富和整合档案资源，再造档案信息流通渠道，使档案馆具有感知化、自动化、智能化的智慧能力；另一方面，利用信息技术和互联网技术构建的智慧档案馆系统将逐渐突破其实体档案馆的组织边界、自给自足的 IT 基础设施和档案资源分层分级的管理模式，形成跨实体档案馆乃至跨区域的协同工作组织和档案资源一体化集约管理与服务模式，它的档案资源形态、技术系统架构、业务管理流程和信息服务模式将随着内外部信息环境的变化而不断地调整和优化。

智慧档案馆架构的搭建体现了全面透彻的感知、互动协同的互联、智能融合的应用和以人为本的创新等特征。感知层通过 RFID、BAS 接口、数据库检测等技术，实现档案实体、档案内容、档案管理等多方面综合感知，对感知数据进行融合、分析和处理；数据层通过智能融合技术、数据库技术、云计算技术等对海量档案数据进行格式转换、安全存储和智能存取；平台层是在网络联通的基础上，充分考虑档案业务中各个环节、单位和系统之间的协同工作机制和工作模式，实现档案资源的集约管理和全面整合；应用层是利用各种检索平台和服务系统来满足社会公众的多样化需求，提供档案信息的集成服务和智慧启迪。

一、感知层

智慧档案馆架构由感知层、通信层、存储层、应用层构成。感知层是智慧档案馆建设的基础，是智慧档案馆整个技术体系的起点，它通过物联网技术、射频识别技术、互联网技术获取相关数据，是建设智慧档案馆的第一层，通常包括声音影像监控终端、传感器终端、档案管理系统、射频识别终端等。感知层将收集到的数据转化成数据库的数据，为智慧档案馆建设奠定坚实的数据基础。

二、通信层

通信层即数据传输层，它是智慧档案馆的神经网络，将感知层收集到的数据利用网络通信技术传送到数据存储层，数据传输主要通过因特网、物联网、内部局域网、移动通信网等传播手段传输数据。通信层所需要的物联网技术发挥作用需要相应的信号接收设备以及图像声音采集设备，在该层级上需要在档案文件中配备射频识别终端，在信号传播时需要采用传感器，而针对档案存放地区的监控则需要部署多媒体监控设备，如视频监控和感应设备等。此外，传感和射频信息的接收也需要相应的设备提供支持。

通信层负责智慧档案馆中信息的传递和处理。通过感知层所采集到的档案信息和相关数据需要网络进行传输，而不同的信息则需要不同的网络形式提供支持。对档案馆管理人员来说，档案管理的信息需要内部局域网进行发送从而了解其工作状况；对于档案馆用户而言，对档案的使用和存取信息则可能需要移动通信网络将其及时地发送到用户的移动智能设备以方便随时随地了解档案的动态；而在档案管理的安全方面则需要广电网络对监控的声像提供技术支持。此外，在信息处理方面，泛在的、多层级网络的搭建使得数据能够通过不同的方式传递到档案馆的服务器中，通过云计算和大数据等相关技术能够对档案的调度、使用、内容更新等信息进行跟踪和分析，在此过程中形成的数据对于优化档案管理，提出相应决策来说是大有裨益的。

三、存储层

存储层是智慧档案馆建设中的第三层，它将通过感知层获取的大数据经由通信层存储到相应的存储器中，以备日后的分析和应用。在存储层中，智慧档案馆获取的数据被重新分类和整理。存储层是整个智慧档案馆处理流程的中转层，是数据处理的过渡。存储层是一个主要的数据资源库，感知层获取的数据经过数据通信层的传送，最后保存在数据存储层的数据库中。

四、应用层

应用层是智慧档案馆建设的主体，经过感知层、通信层、存储层处理的数据信息只有应用到智慧档案的服务中去，智慧档案馆的作用才能发挥出来。应用层主要包括档案检索、档案阅读平台和档案检索中心等。智慧档案馆的功能是对档案信息资源的保管和利用。通过基于物联网技术的感知，智慧档案馆具备了比数字档案馆更加智能的功能。智慧档案馆通过物联网技术能够感知的信息资源主要有下面几个方面：首先是档案的内容，即电子档案和各行业业务流程中归档形成的数据，通过数据挖掘进行再次整合和利用；其次是档案的管理信息资源，即通过智能楼宇构建自动地监测档案管理的状态，并根据情况对管理进行适当的调整；最后是档案的实体，即通过射频识别技术等对纸质档案等存在实体形式的档案进行扫描、定位和监控等。

让档案馆"智慧"起来，关键在于突破数字档案馆档案信息收管存用的理念、范围和模式，建立集"资源多元、全面感知、综合处置、双模存储、泛在应用"于一体的档案及档案馆管理与运营综合支撑平台。档案资源是智慧档案馆的信息基础。智慧档案馆的信息资源主要由以下内容构成：由原生电子档案、档案数字化成果、经济社会运行及管理信息的归档数据库等构成的档案内容信息资源，由档案目录、档案索引等构成的档案管理信息资源，基于 RFID 技术（即射频识别技术）的档案实体信息资源，由媒体信息、网站信息、非物质文化信息等构成的城乡记忆资源，由用户信息、档案利用信息、档案数据挖掘信息等构成的档案应用信息资源，由供电信息、温湿度信息、安保信息等构成的档案馆楼宇管理信息资源。这些资源既可以让用户感知和获取档案内容信息，满足利用需求；也可以让管理者感知和获取档案管理信息，协同处理档案业务工作。

五、智慧档案馆建设的有效路径

（一）智慧档案馆的制度建设

俗话说"无规矩不成方圆"，在智慧档案馆建设进程中，需要做到有章可循才能够构建出规范的管理标准与法规制度，才能够支持与引导智慧档案馆的建设。在具体的建设进程中，首先需要明确制度的建设问题。作为主管部门，在制度制定时要考虑智慧档案馆在实际建设中的具体情况，与之结合起来，这样就可以将未来发展加以明确，最终让建设档案馆能够做到有章可循，获取制度的支持与保障。其次，在智慧档案馆制度创建中，要求构建档案群，保障原本分散的档案能够统一起来，让大众能够享受到集中化的信息共享服务。所以，就需要推行细化的、实施性较强的细则，再搭配上规范化的标准体系的支持。最后，在数据挖掘以及档案数据化工作中，可以直接选择外包的方式，借助科技服务企业、专家等的力量将档案的智慧化工作加以落实，最终推动工作的有序开展。利用制度的建设成为智慧档案馆得以发展的先决条件，这是具体建设进程中首先需要考虑的问题。

（二）智慧档案馆以人为本的建设

基于移动互联网技术、云计算、物联网，然后与微博、知乎等 App 结合起来进行宣传，这样就可以在社会创新中发挥其关键性的价值。大部分科技都关注以人为本，针对智慧城市的 Living Lad 等用户添加，就可以推动社会的创新服务，同时也能够促进其协同发展。在建设进程中，要求能够明确用户需求与用户体验，用户可以通过网络应用融入到智慧档案馆建设中去，最终通过智慧融合推动社会的长期发展、服务创新以及协同创新。同时，在建设智慧档案馆的进程中，还可以实现危机备份数据库以及信息服务数据库的建立健全。如果用户要求对于长时间存储数据库之中的档案加以访问，就可以基于专门的工具来进行对应的浏览处理，不能够设置增加、闪出、调整的操作，确保长时间储存数据库里数据的健全性。

所以，智慧档案馆的建设需要兼顾以人为本的基本理念，这样才能够让智慧档案馆建设贴近于现代社会的实际需求，能够真正结合到社会的发展、结合到人们的实际需求，最终服务大众。

（三）智慧档案馆的技术建设

数据的挖掘与主动推送技术是智慧档案馆建设的根本。一旦这两项技术有所缺失，那么就会如同信息孤岛一样，仅仅属于一种文字或者是数字形式。第一，智慧档案馆需要与物联网技术相互结合起来，以此来达到智能化控制的要求，从而让识别、管理、定位、监控、追踪等能够匹配智能化的需求；利用物联网的感知层来采集档案物体信息；在网络层可以实现信息对应的处理与传输；在应用层实现对于档案数据信息的分析与处理，以此来匹配档案信息和管理人员之间的良性互动。第二，基于大数据与云计算技术的合理使用，能够匹配到资源的共享需求。云计算技术直接与智慧档案馆建设相互结合起来，就可以设定成为独有的档案馆群，以此在同一平台上实现档案馆信息的综合整理，最终满足平台上的共享和存储要求。第三，通过数据挖掘推送技术的合理使用，满足档案管理数据化的处理。这一技术不仅可以实现潜在信息的挖掘，同时也可以满足定向主动推送。如，部分智慧档案馆在细致研究中，针对重要的且使用相对频繁的文档可以进行 OCR 文字的有效识别与处理，将对应的文字信息直接存储到数据库之中，通过全文检索的方式方法来处理数据的检索问题，这样就可以满足挖掘、整合与处理的需求。系统还可以考虑到在分类检索中通过预先的条件来实现处理，从而落实对于文档的合理筛选，以此来检索文档的相似度，这样就可以将具有价值的信息直接推送给实际的利用者。第四，人脸识别技术。主要是结合不同人物面部的基本特征，如利用录像、照片等多种方式来识别具体的人物。智慧档案馆的建设主要是通过档案全文数据的创建，从而将档案中不能够进行检索的数据转化成为可检索的数据。如文字、图像、声音，这样就可以进行对应转化，从而满足智慧档案馆的实际建设要求。

（四）智慧档案馆的全面建设

第一，培养专业化人才，以此来实现人才队伍的建立健全。针对智慧档案馆的建设，还需要专业的人才支持,同时也需要创新的支持,所以就需要注重人才培养力度,能够为人才梯队储备人才资源库。第二,重视资金的持续投入,以此来推动各项智慧档案馆工作的有序进行。政府需要发挥带动作用,基于政策的扶持,最终引导社会力量参与,让资金得到充分的保障。第三,各个部门需要强化协同关系,实现现代化的交流。建设智慧档案馆,本身属于一个动态化的过程,要结合不同情况来对应地进行优化处理,这样才能够提供高质量的信息输入来服务档案馆的智慧化建设。要求各个部门之间能够协同工作,相互交流与学习,从而不断总结经验教训,最终优化建设成果。第四,智慧档案馆建设还需要考虑到档案信息资源平台的建设。在新时代下,各种技术融入到智慧档案馆建设中去,通过技术的使用能够进一步提高信息的整合、分析与服务能力。部分档案馆依托于丰富的档案资源,从而构建整体化的智慧管理平台,如"区域公共档案信息资源管理和服务总平台""区域涉民档案集成管理与服务平台",通过这样的方式可以满足档案资源的共建与共享。

(五)智慧档案馆的人才建设

针对智慧档案馆的建设,还需要强调人才的培养,能够尽可能地提升人才的实际储备量。第一,对于档案管理人员要求开展技能与工作方面的培训,能够持续地进行新技术的学习,以此来掌握全新的计算机知识。第二,针对档案专业的学生而言,学校不仅需要做好档案专业课程的设置,实现相关基础知识的掌握,同时也需要落实对应的档案管理实践课程,最终满足人才质量的全面提升。第三,智慧档案馆还需要考虑到复合型、创新型人才的引入,应该专注于智慧型人才的具体培养,强调人才的专业知识养成,同时还能够熟练地掌握各种技术,能够为智慧档案的发展出谋划策。另外,重视管理型和领导型人才的培养,强调人员整体素质的全面提升。对于智慧档案馆的建设,其核心问题在于将原本的纸质档案和音像档案直接数据化,各级档案馆通过落实人才培养来保障相关人员能够掌握其核心技术,从而实现档案的数据化处理,真正满足档案的智慧化工作需求。最后,积极与各高校之间开展相互合作,积极建设人才培养的渠道,基于高校的体系来培养智慧档案专业人才,同时也可以将智慧档案馆的人员指派到高校之中去学习,以真正实现人才的培养。

第四节　智慧档案馆建设的基本原则

一、需求导向，以人为本

智慧档案馆的建设要坚持以档案馆用户需求为导向，立足于用户档案需求和个性化服务的需要、党政机关和企事业单位的档案业务与咨询需求，发挥档案信息化对科学高效配置档案信息资源的支撑和服务功能，切实增强智慧档案馆建设带来的便捷、高效、智慧、创新的感受度，让智慧档案馆的建设成果不仅能惠及档案馆、政府机构，更要普惠到广大普通公众。

科学发展观的核心是以人为本，要始终把实现好、维护好、发展好最广大人民的根本利益作为党和国家一切工作的出发点和落脚点。因此，智慧档案馆的建设要遵循"以人为本"的理念，把贴近公众、服务社会作为智慧档案馆的基点，把公众能用、会用、善用作为智慧技术应用于档案工作的基本要求，不断缩小不同社会群体间的"数字鸿沟"。坚持以人为本，为民提供高效服务，在"为党管档、为国守史"的基础之上，切实做到"为民服务"的目标。

二、机制创新，共建共享

智慧档案馆建设需要破解信息孤岛现象，逐步实现档案馆内部各部门之间、不同档案馆之间、档案馆与其他机构之间的资源共建与共享。旧的管理机制需要不断地改革、创新以适应不断变化的用户对档案馆的信息需求，所需要的组织、制度、标准等的建设和创新也要持续进行。

智慧档案馆的建设依托于相关制度体系和标准体系的制定。智慧档案馆的建设要整合通信网络基础设施，规范档案数据标准体系，建立健全馆室之间的档案管理平台和档案公共服务平台；综合协调，推进管辖范围内跨地区档案馆信息资源的纵向集成与跨部门档案信息资源的横向集成，切实推动档案信息化协同应用，让档案信息资源在不同部门、不同地区的系统中自由流通，真正实现档案信息资源的共建共享。

三、统筹规划，稳步推进

智慧档案馆是数字档案馆的升级，其建设应在数字档案馆建设的基础之上进行统筹规划，注重系统工程，根据各地政府智慧政务的整体框架和基本要求，及时将智慧档案馆建设与地区智慧政务相对接，综合考量，确定总体布局和阶段安排，使智慧档案馆的建设能够成为一个系统，综合集成资源，达到效果最佳化让档案收集、档案管理、档案利用等各个环节高度智慧化。

对智慧档案馆的建设要重视前期调研，开展可行性研究，基于工作实际，提出创新性高、应用性强的功能需求，确保智慧档案馆系统开发和项目建设的合理性、适用性、科学性。在智慧档案馆建设过程中，档案馆工作人员要全程跟进，发现问题解决问题。如有需要，还应按照信息系统建设规范要求，引入监理机制，对智慧档案馆项目的建设进度、安全措施、质量保障等进行全范围全过程监理。

四、因地制宜，重点突出

在数字档案馆建设阶段，各地的数字档案馆建设极为不平衡，因此在数字档案馆建设基础上进行的智慧档案馆建设也必须要根据各地的不同情况开展。尽管建设智慧档案馆是一件利党利国利民的好事，但是不能不顾前期基础和建设的大环境而盲目启动。需要结合当地的经济发展水平、地理区位条件、信息化基础和实际需求等情况，做好智慧档案馆项目的前期论证、调研，切勿贪大求全、重复建设。

在智慧档案馆的建设过程中，各地应充分分析自身特色、确定建设重点，找准突破口，注重实效。如果在档案的收集上难度较大，则应注重档案智慧收集建设，如果在档案馆的监控方面需要加强，则应注重档案馆智慧监控建设，如果在提供档案利用上供不应求，则应注重档案馆的智慧服务。在重点、难点解决的基础上，逐步推进，实现新一代信息技术在档案管理各环节的深入应用，打造具有当地特色的智慧档案馆应用模式。

五、可管可控，强化安全

档案实体及内容的安全无论是在传统、数字、智慧档案馆阶段都是档案馆的核心工作之一，安全是所有其他部分工作的基础和大前提。在智慧档案馆建设过程中，档案、档案馆的安全更是重中之重。对于安全问题，应从两个角度来看，一是在管理和技术两个层面确保智慧档案馆可管可控；二是注重智慧档案馆中的智慧监控建设来强化档案信息安全。

在档案馆管理和技术的安全措施上，应强化网络和信息安全管理，落实责任制，加强管理人员安全培训，落实档案信息安全等级保护制度，健全网络和信息安全标准体系，加大依法管理网络和保护个人信息的力度，注重"政务云""档案云"的建设与管理，加强档案馆核心管理系统的建设，采取相应的安全保障技术方法，配备必要的软硬件设施，完善档案备份灾难恢复服务机制，确保档案的真实、完整、可用与安全。

在智慧档案馆的智慧监控建设上，智慧档案馆采用物联网、云计算和大数据分析技术，对档案馆实现全面监控，对档案进行电子化识别，确保档案不出现非正常移动，一旦档案没有经过正常调用程序离开自己的位置，那么智慧管理系统将报警提示管理人员，此外，智慧档案管理系统可以利用门禁系统及计算机管理系统监控档案馆相关管理人员，以最大限度降低人为因素对档案信息安全产生的风险。

六、融入智慧城市建设

城市化迅猛发展带来的智慧城市建设成为当今城市发展的热点，国家相关部委与当地政府纷纷支持智慧城市建设，加强对智慧城市的资金投入、技术支撑。

各地档案馆开展智慧档案馆建设应融入智慧城市建设，一方面，可以获得智慧城市建设中的专项资金支持；另一方面，可以借用智慧城市之智慧政务的部分基础设施，如智慧城市建设的物联网、云计算、大数据等。智慧档案馆融入智慧城市可以借助智慧城市建设充足的资金保障，可以有效地解决智慧档案馆建设的资金困难。再者，智慧档案馆融入智慧城市建设，档案信息化与城市化发展协同发展，亦可推动档案管理服务的创新，特别是在档案信息资源为城市发展提供数据服务与公众个性化服务的层面。

七、智慧档案馆服务实现的功能

在智慧档案馆建设的初始阶段，我们要加快构建智慧档案馆的步伐，如果智慧档案馆的服务目标得到实现，会对我国档案事业产生巨大影响。

（一）拓展档案馆的服务范围

智慧档案馆为用户提供智能化、知识化、个性化的服务时，档案馆的功能就不再局限于档案的收集、整理、保存、利用，而是在档案馆原有功能的基础上运用大数据、物联网、云计算技术为档案用户提供更加广泛的档案知识化信息和智能服务平台，在满足用户的原始需求的同时提供周边相关信息。档案的利用可分为到馆利用和馆外自助两种方式，到馆利用也可采用自助形式，减少人工，提高效率；馆外自助式服务可通过手机端或电脑端借助档案资源协同共享平台提供一站式服务，扩大档案馆的服务范围及档案用户群。

（二）提升国民档案素质

在智慧档案馆为用户提供智能化、知识化、个性化服务的情况下，用户到智慧档案馆办理业务，档案馆的个性化服务根据用户喜好推荐相关信息及知识化的档案信息，使用户能够对档案有更加清晰的认知和理解。未到档案馆办理过业务的人员，也可以通过手机智慧档案馆及微信公众号获得相关的档案信息及网上咨询服务，经过在手机档案馆上的几次搜索，智慧档案馆的程序会自动推送用户感兴趣的知识化档案信息。通过对智慧档案馆服务目标及模式的完善，可以在无形中提高我国国民的档案素质，养成建立个人档案及家庭档案的习惯。

（三）增强档案馆的社会影响力

档案馆、图书馆及博物馆是我国基础的社会公共文化服务机构，但档案馆的影响力、访问量及使用率远远低于图书馆和博物馆。智慧档案馆的建设融入了许多智能化设备，使档案馆更加现代化，档案馆的馆藏资源包括但不限于个人档案，还包括我国的历史档案及部分古籍文献，如果用户感兴趣，智慧档案馆可以为用户提供精准服务，在档案馆庞大的档案资源中进行数据挖掘。智慧档案馆可以为用户提供服务的范围更加广泛，提高了人们对档案文化的兴趣，吸引了社会关注度，从而增强了档案馆的社会影响力。

第七章 信息时代档案管理工作

第一节 信息时代基于网络的档案管理工作

一、档案信息资源网络

(一) 档案机构实体网

档案机构实体网是一个由相互之间能够通过一定的关系联系在一起的档案机构所组成的，能够发挥某种功能的统一整体。档案机构实体网可以分为三个层次，由低至高分别为档案机构组织网、档案机构协作网和档案机构信息资源网，这三个层次相辅相成、密不可分。

1. 档案机构组织网

档案机构组织网是一个由不同级别和类型的档案机构组成的群体，是档案机构实体网的基础组成部分，是档案机构协作网和档案机构信息资源网的前置单位。档案信息资源是一种形式特殊的文化宝藏，需要精心保护和传承，而档案机构组织网是保护档案的直接系统，它能够在充分利用档案信息资源，推进国家发展，满足社会需要的同时，保护好这些信息资源，确保这些资源的安全。

2. 档案机构协作网

档案机构协作网是在档案机构组织网的基础上发展而来的，是对档案机构组织网的一种扩展与补充。它强调网络中各档案信息实体之间的协调与合作，是一种能够实现各档案机构之间的交流和资源共享的组织形式。档案机构协作网弥补了档案机构组织网的缺陷，进一步增强了档案机构之间的联系，使档案机构实体网成为更紧密的主体。

3. 档案机构信息资源网

档案机构信息资源网是信息时代档案管理系统的终极目标，是在档案机构组织网的基础上建设起来的。档案机构信息资源网是一种将不同空间位置和存储机构中的档案信息相互联系起来，实现档案信息在各档案机构中的共享和利用的系统。档案机构信息资源网并不局限于档案机构实体网，它拥有很高的自主性，专注于档案信息资源本身的管理与开发利用，能够有效满足人们对档案资源的需求。

（二）档案信息因特网

档案信息因特网是建立在因特网（Internet）上，依靠因特网的联网功能而存在的档案信息系统。因特网是信息时代最具标志性的产物之一，被称为"信息高速公路"。将档案信息资源网与因特网连接起来，就形成了档案信息因特网，使档案信息资源实现最大程度上的共享。档案信息因特网为档案机构实体网提供了新出路，它以数字化的形式实现了组织合作、协调互补，打破线下交流困难的局面，使用户能够轻松地获取想要的档案信息，实现档案信息资源的网络共享。

综上所述，档案信息资源网络由档案机构实体网与档案信息因特网共同组成，它通过因特网以便捷、高效的信息资源传递方式，可以实现实体网络中各档案机构中档案信息资源的共享，能够帮助实体档案机构达成业务合作，从而实现馆藏共享、交流和互补。

二、网络环境对档案信息开发的影响

（一）网络环境

1. 网络环境的概念

网络是一种信息科技时代的通信工具。通过网络通道，能够使数据在各终端间互相传输，实现智能的、互相连接的计算机之间的资源共享。共享是网络的中心和意义，是指信息和服务的共享，不仅代表着流通的信息，而且代表着交换并利用信息的用户。可以说，网络的灵魂是共享，共享是网络存在的意义，如果无法共享，那么网络就不能被称为网络。

网络环境是指在电子计算机和现代通信技术相结合的基础上构建起来的高速、综合、广域型数字式电信网络。这种网络通过网中设网、网际互联，可以覆盖一个国家、数个国家乃至全世界。网络环境如同人们周围的社会环境、工作环境、学习环境一般，只不过它是一种由电子元件支撑的物理空间，是一种虚拟的世界。网络化的历史进程推进了网络环境的诞生与成熟，这是客观存在的动态发展进程。

2. 信息网络环境的特征

信息流通的全球网络化和信息利用的全程数字化是信息网络环境的基本特征。数字化信息和传统的实体纸质资料有着多方面的区别,具体表现如下。一是记录方式不同。传统文献资料是线性的、顺序的;而数字化资料则是由计算机直接组织的。二是存储形式不同。传统资料以单介质存储;而数字化资料则以多媒体的形式存储。三是传播与利用方式不同。传统的传播与利用方式是面对面的交流和传递,从单一介质转向另一单一介质;而数字化信息的传播与利用则是通过计算机网络进行的。

在数字信息科技不断发展的今天,互联网在人类社会中取得了无可替代的地位,人们逐渐习惯于从网络中获取信息,使用全世界共享的信息资源。这种情况使得传统的信息开发利用模式受到了冲击,逐渐向网络化、数字化的方向发展。总而言之,数字信息时代带来的变革正在给社会带来颠覆式的冲击,使信息本身和承载信息、利用信息的主体面临着更加严峻的挑战。

(二) 档案信息开发的影响

1. 为档案信息开发利用提供了有利的工具和手段

从表面上看,档案信息的开发是对信息的发掘、整理和汇编,是对信息获取渠道的开拓,是对档案信息库的建设和信息流通的推动;从内涵上讲,档案信息的开发是对档案信息的重组、加工和利用。网络是计算机技术、通信技术、网络技术和多媒体技术相互融合诞生的结晶,它集合了这些技术的功能能够利用强大的信息处理能力和传输能力快速整理、开发并交流档案信息。在信息技术时代,档案信息已经从以馆藏主体为主流转向以网络信息主体为主流方式,在全球网络化的背景下内吸外取,实现了档案信息全球范围内的共享。

总而言之,世界已经被局域网、广域网等网络连成一体,使档案信息实现了不受空间和时间限制的传播,为档案信息的开发利用创造了优势。信息技术的不断发展使网络实现了不断的进步,使网络能够帮助人类社会进一步获取和交换信息,为信息市场提供更多的可能。

2. 改变了档案信息的利用方式

传统的档案信息利用受到时间和空间的限制,身处异地的人想要交换档案信息,往往要耗费大量的时间和精力。而网络消除了这种隔阂,让档案信息的传递能够跨越时空,实现全球即时共享。也就是说,即使相隔万里,也可以通过计算机网络直接获得档案信息,省去了跨越千山万水的时间。同时，在网络的支持下，能够获得档案信息的人不再局限于区域内部或行业内部，只要是获得权限的用户，都能够获取并利用相应的档案信息。

3. 打破了传统的档案整理方法

在网络强大的信息处理能力下，档案的立卷、归档很快就能够完成，这使得传统的鉴定整理、立卷归档工作规范已经不再适用，促进了新规则的形成。

网络对于档案的整理和传播有着积极作用，有利于档案信息为社会提供有力的数据支持，如帮助决策层获取信息，获取优秀的政策效益和经济效益，使档案信息的帮助决策属性得到大幅增强。

三、网络环境下档案信息开发的对策

（一）宏观对策

1. 统一规划、制定政策

网络环境下的档案信息开发是系统化、组织化的，为了节省资源、避免重复工作，相关机构应进行统一规划，根据拟定的统一规划进行档案信息开发是十分必要的。为此，应当遵循政府相关部门下发的政策，服从宏观调控，制定统一规则，规范网络环境下档案信息的开发。

2. 强化意识、加大投入

随着信息时代的不断发展进步，网络环境下的档案信息开发成了档案事业发展的必然方向。网络环境下的档案信息开发是为了提升档案管理工作的现代化水平，打开档案信息的获取渠道，提升档案机构的竞争力，优化资源配置。当前，我国档案机构并没有全面树立起网络化意识，要想跟上时代的步伐，推动档案管理工作的发展，就一定要加强网络环境下的档案信息开发意识，认识到网络环境下档案信息开发的重要性和急切性。为此，政府应加大对网络环境下档案信息开发的资金投入：拓宽获取网络环境下档案信息开发资金的渠道，采取招投标的方式，吸纳更多的可利用资金；监督资金的分配和使用，避免出现浪费或者挪用、占用等不良现象。

3. 完善法规、健全标准

在网络环境下进行档案信息开发工作需要有独立的安全保障。对此，政府需要尽快制定网络环境下档案信息开发的法律法规和细则，对档案公开的原则、组织以及档案信息开发的责任等做出全面、详细的规定，确保档案信息能够在统一的规定下得到开发和利用。

网络环境下任何不符合标准化工作的信息或技术都将不被允许进入正规系统。因此，在网络环境下建立标准化的档案管理体系成为在网络环境下进行档案信息开发的一个重要条件。

4. 调整机制、培养人才

网络环境下的档案信息开发还需要一支具有较高专业能力的团队。然而，当前档案机构人才匮乏、职能不明、人才流失的现象普遍存在。面对这种情况，有必要尽快建立一支能够适应网络环境下档案信息开发的专业队伍。较为常见的办法是补充人才以及对现有人才进行培训。在对现有人才进行培训时，既要教授计算机基础知识和计算机自动化管理，还要教授现代通信技术应用基础、计算机信息网络、人工智能和经济信息研究与咨询等知识作为补充。

（二）微观措施

1. 转变观念、迎接挑战

随着信息技术的不断发展和科技的不断进步，档案机构应该真切地意识到信息社会一定会走到科技化的道路上，并为即将到来的变化做好充分准备。首先，要提升档案管理工作人员的计算机操作技能，逐步实现办公自动化。其次，要形成分级档案信息网络的理念，增加档案管理工作人员上网的机会和条件，同时防止网络中的信息被屏蔽或销毁，提高网络服务效率。最后，要推进网络一体化的形成，不仅要实现形成各级档案机构网站和网页的互联互通，还要尽量与政府、图书馆、文教部门产生联系，推动档案信息网络社会效益和专业信息利用率的提升。

2. 采集数据、丰富馆藏

数据采集是在网络环境下开发档案信息的前提。档案信息扫描、存储的工作量非常大，需要投入大量的资源来进行快速的数据采集，否则网络环境下档案信息的开发就不可能成功。因此，各档案机构应加快数据采集速度，及时跟随科技更新换代配备先进的技术设备，提高原始档案的扫描和存储速度。同时，为最大限度地提高档案信息开发的效率，发挥档案信息的价值，各档案机构应当通过调查分析找出高价值、高利用率的档案信息，对其进行重点采集。此外，各档案机构还要在现有档案的基础上建设馆藏丰富的网站。首先，在计算机管理技术的支持下，按照计算机著录方式对档案信息进行编译研究，建设独立网站，下载档案信息。其次，统一著录规则和项目格式，实现各档案信息站点的管理模式、工作流程、数据格式和网络规则的标准化，保障网站能够规范运行。再次，加强档案信息的开发，尽可能地将不具有保密性、能够在网上公开的档案信息根据社会性、价值性、可用性、效率性的原则上传至网络，提供给用户使用。最后，为了提升用户的访问兴趣和概率，提高网站的利用效率，在网站初步建成后，要随时对其中的信息进行更新，确保网站的活力。

3. 变更方式、建立数据库

如今，人们已经步入了信息时代，网络环境潜移默化地改变了人们对待信息资源的思维方式、获取方式和手段。在网络环境下，因为传统的方式已不能满足人们对于档案信息的需求，必须改革创新，采用新的档案信息组织方式来推进档案管理工作。传统的档案信息组织大多采用人力的方式进行，如著录、标引等前期工作都需要通过烦琐的手工劳动完成，而且分类表和叙词表的编制与维护工作也要耗费人力。现在，网络中的信息越来越多，其时效性也决定了不能够有太多的中间环节和处理环节，否则信息将失去价值。因此，必须解决档案信息组织自动化这一问题。以往的档案信息组织方式只适用于文本信息，但在网络环境中还有很多声像、图形等非文本信息，这些信息相对来说更加复杂且难以归类，不容易像文本信息一样能够格式化和标准化。因此，只有对传统的档案信息组织方式进行改革，才能够揭示档案信息的完整内涵，正确且全面地开发档案信息。除此之外，网络中档案信息用户的构成具有多样化、个性化、复杂化的特征，获取档案信息的门槛较低，有许多用户都没有掌握成熟的档案专业知识和技能，因此对档案信息提出了透明、易用的要求。这也意味着必须对档案信息的组织方式进行改革。

数据库的建立是组织档案信息的重要途径，具体是指对待整合分类的档案信息经过合理的标准化处理，然后将其存储在计算机中。利用数据库技术组织档案信息，可以大大提高档案信息的有序性、完整性和安全性。可以说，数据库技术与网络技术的结合，促进了档案信息的开发，提高了档案管理工作的效率。

当前，档案机构要努力开发独具特色的档案信息数据库；各档案机构之间要分工协作，按照资源共享的原则共同建设档案信息数据库，避免重复工作和浪费资源，通过网络为用户提供广泛而深入的档案服务，提高档案服务质量，增强用户对档案的深度共享。

在建设档案信息数据库时，要注重内容质量。我国的档案信息数据库中多为文摘、索引、目录等二次信息，图形、图像较少。虽然二次信息也可以在一定程度上提供相应的服务，但是并不能完全满足用户的需求，因此必须充分开发一次信息。

4. 制定标准、保障安全

档案机构要吸收和借鉴国内外在网络环境下进行档案资源开发的成功案例，尽快着手制定和发布合理可行的标准，如编码标准、数据库标准、数据格式标准、设备标准、通信技术标准等，明确各级档案机构的责任和义务，使档案机构之间保持稳定的联系。

利用技术手段可以提高网络环境下档案信息开发的安全性。首先，编写电子文件归档管理程序，及时、完整、安全地保存档案信息，避免网络故障等原因导致的相关信息丢失或损毁；其次，实行纸质和非纸质相结合的方式，避免病毒感染、网络故障等原因造成的档案信息无法找回而导致的严重后果；最后，建立档案信息加密网络和开放网络，严禁在开放网络查看机密档案信息，从而防止黑客恶意盗取或破坏。

第二节 信息时代大数据环境下的档案管理工作

一、信息时代大数据环境下的档案信息资源整合与挖掘

（一）大数据对档案信息资源整合与挖掘的保障

1. 对档案信息资源高效存储的保障

随着信息的海量产生，数据的单位已经从 TB 级升到了 PB 级。同时，科技进步使数据资源呈现出分布性和异构性的特点。有许多数字资源需要归档，包括非结构化数据（如文本、图片、各种表格、音像等）、半结构化数据（如电子邮件、HTML 文档等）以及结构化数据。非结构化和半结构化数据都不方便使用关系数据库的二维逻辑表来进行组织。

随着各类档案信息资源的不断累积，传统的关系型数据库已经不能满足对这些档案的组织与管理，大数据技术的出现则弥补了这些缺点，并且可以达到对档案分布式存储和快速检索的目标，成为人们常用的管理系统。大数据存储方式多样，常见的有 Hadoop、NoSQL 等。这些存储方式有一些共性，即在硬件技术的支持下，采用可扩展的、并行的技术手段，以非关系模型对非结构化和半结构化数据进行处理，并对收集来的大数据进行高级分析和使用可视化技术。

2. 对档案信息资源价值挖掘的保障

在档案数字资源中，不同档案数据资源的价值各有不同，这提升了人们在浩瀚的档案资料中获取价值信息的难度。怎样从这些价值信息中寻找出真正有价值的档案信息，并方便快捷地传递给用户，是档案管理工作者在大数据时代必须面对的难题。

大数据时代带来的新技术，为相关专业人员提供了新的解决问题的方式。利用大数据技术，档案管理工作者能够发现数据中的规律，找出档案信息资源之间的联系，将它们分门别类地进行整合，进行多维、多层次的展示，将非结构化数据转化为结构化、半结构化数据，使用户可以更方便、更准确地获得档案信息资源，还能够在用户有需要的情况下用可视化技术生成图像，直观地展现档案信息资源。

（二）大数据环境下的档案信息资源整合

1. 大数据环境下档案信息资源整合的必要性

在科技革命的背景下，信息科技飞速发展，互联网渗透至人们的生活之中，并对社会各行各业产生了革命性的影响。档案信息资源在这样的历史条件下，也必须进行变革，其管理模式、载体和记录方式等都要向着数字化、网络化的方式转变。

信息科技革命推动了人类社会的发展，计算机和互联网使人类社会连成一个整体，丰富的信息和数据实现了数字化，大数据时代也随之来临。人们在日常生活、工作中会产生大量的信息数据，这些信息数据记录着人们的各种行为，可以在经过分析后发挥重大价值。

2. 大数据环境下档案信息资源整合的分析

信息科技的发展使互联网走入千家万户，计算机信息技术和网络通信技术使信息数据的数量呈指数增长。然而，机遇往往伴随着同等的挑战。互联网的飞速发展使人们在便捷地获取大量档案信息资源的同时，也要面对档案信息精准检索和安全保护等难题。总而言之，大数据时代的到来为档案信息资源的整合与利用都带来了新的挑战。

（三）大数据环境下的档案信息资源挖掘

1. 大数据技术在档案信息资源挖掘领域的应用背景

在信息时代，每时每刻都有大量的数据被记录，并在大数据技术的支持下被分析利用，成为高价值的社会资源。大数据时代的到来对人们的社会生活、思想意识等多方面产生了巨大的影响，为社会各界带来了新的变革，档案领域也在大数据技术的支持下产生了新的特性和内容。怎样在浩如烟海的档案信息资源中挖掘到想要的信息，然后对挖掘到的信息资源进行分析利用，是大数据时代档案管理工作的重心。大数据技术以云计算、语义引擎和可视化分析等手段代替了传统档案信息资源管理方式，满足了当下档案信息资源开发利用的需求，为档案管理工作带来了活力。如今，大数据技术已经是在全球范围内应用极广的技术，备受世界各国各行各业的推崇，我国也对这项技术给予了大量政策和资源支持，并推动了大数据技术在档案管理工作中的应用。

大数据是指在一定时期内，传统数据库软件工具无法收集、存储、管理和分析其内容的数据集。在大数据背景下，档案信息资源也具有大数据的特点，主要体现在以下三点：第一，各级档案机构产生的档案信息资源总量增长迅速；第二，档案信息资源的类型和结构越来越复杂；第三，档案信息资源的价值越来越丰富，具有凝聚力。由此可见，收集和挖掘具有大数据特征的海量档案信息资源意义重大。

档案信息资源挖掘工作，是指采集档案信息资源，并对其进行清理、整合、转化等处理，然后选择相应的挖掘模型，实现对档案信息资源价值的开发和提取，从大量档案信息资源中挖掘出有价值的信息和有效的知识，从而实现档案信息资源更广泛、更高效的利用。

随着大量档案信息资源的产生，丰富的档案信息资源为档案信息资源的挖掘工作带来了许多困难；但与此同时，大数据技术也为档案信息资源带来了新的机遇，这主要体现在以下三点。

第一，相比传统挖掘技术，大数据技术能够更系统、更全面地对档案信息资源进行挖掘。传统档案信息资源挖掘技术采用抽样方式进行统计，进而获得总体的信息，这种方法虽然从概率学的角度来说有一定的科学性，但同时也具有一定的片面性和不完整性，而且难以找到具有代表性的样本。大数据处理技术则是直接对数据总体进行分析，弥补了传统档案信息资源挖掘技术的缺陷，而且云存储为大量的档案信息资源提供了足够的存储空间。可以说，档案信息资源的挖掘工作在大数据相关技术的全面支持下迎来了新的发展。

第二，大数据技术能够对档案信息资源进行智能提取，提升档案信息资源挖掘的准确性和效率。云计算支持下的大数据价值分析技术能提高获取档案信息资源的准确性，而可视化技术可以全面、直观地展现档案信息资源。另外，语义处理技术为智能检索提供了可能，提高了档案信息资源挖掘的效率。

第三，用大数据技术对档案信息资源进行挖掘，能够降低因档案信息资源不足而导致的档案信息资源价值低下的风险。大数据技术能够对巨量档案信息资源进行处理和分析，并能够在部分档案信息资源出现缺损时，通过分析档案信息资源之间的相关性进行跟踪补全，从而确保档案信息资源挖掘结果完整、可靠。

2. 大数据技术在档案信息资源挖掘过程中的具体应用

（1）云计算在档案信息资源挖掘中的应用

①云计算的概念及特征。

云计算是一种以互联网为载体的大数据计算技术。云计算通过分布式计算和虚拟资源管理等技术，将分散的信息资源集中起来形成共享资源池。这样一来，使用各种终端形式的用户就能够根据自身的需求获得动态、可衡量的信息服务。在云计算环境中，应用软件直接安装在云端服务器上，代替了传统的用户终端，在节省用户存储空间的同时实现了其附加功能。需要注意的是，用户只需要通过 Web 浏览器登录云端的管理平台，就能获得所需的服务。云计算中的"云"是对计算服务模式和技术实现的形象比喻，由大量基本单元"云元"组成。云元通过网络连接，共同构成了一个巨大的资源池。

根据云计算服务提供的资源，可以将云计算服务模式分为三种，分别是基础设施（IaaS）、平台（PaaS）和软件（SaaS）；根据云计算服务提供的服务对象，可以将云计算服务分为私有云、公有云和将二者相结合的混合云。

②云计算应用于档案信息资源挖掘的必要性分析。

第一，云计算能够平衡档案信息资源挖掘的基础设施建设。由于区域经济发展的不平衡性和投资的差异性，我国档案信息资源挖掘工作在基础设施建设方面存在较大差异。经济相对发达的地区为了确保档案信息资源工作需求得到满足，有能力投入大量资金进行基础设施建设；但是经济欠发达地区则因缺乏资金和技术支持，档案信息资源挖掘的基础设施建设存在较大缺陷，难以支持档案信息资源的挖掘工作。对此，可以利用云计算的基础设施服务来统筹规划档案机构的基础设施，如挖掘工具、管理服务器、存储等，通过建设云计算环境，为档案机构提供档案信息资源挖掘基础设施服务支持。这不仅能节约档案信息资源挖掘基础设施建设的资金与资源，而且能缩小不同地区档案信息资源挖掘工作之间的差距，为挖掘力量相对薄弱的档案机构增添力量。

第二，拓宽档案信息资源的采集渠道。采集是档案信息资源挖掘的基础工作，广域的数据采集能够保证档案信息资源挖掘结果的系统性和全面性。利用云计算技术建设"档案云"平台，可以实现档案信息资源云端共享，对档案机构、企事业单位的档案信息资源进行统筹规划、合理存储、准确调动和分配，使档案信息资源不再分散，而是整合成一个整体，从而建设档案信息资源的互联网总库。

具有云计算支持的网络云端存储空间很大，具有很强的计算和分析能力，还能实现备份，提升档案信息资源的安全性。云计算数据共享技术已经相对成熟，且已应用于档案信息资源管理领域。随着档案信息资源大数据特征的逐渐明晰，云计算在档案信息资源挖掘领域将进一步得到广泛利用。

（2）可视化技术在档案信息资源挖掘中的应用

①应用必要性分析。

在信息时代背景下，大数据要面对的档案信息资源数量庞大、结构复杂、多种多样。

要对这样的档案信息资源进行挖掘，必须要对其有直观的认知，使档案管理工作人员和用户能够清晰洞察档案信息资源的内涵和背后所隐藏的信息，并在日常生活与工作中发挥档案信息资源的作用，实现档案信息资源的充分利用。然而，随着档案信息资源的不断累积，传统的档案信息资源挖掘模式已落后，同时挖掘档案信息资源的工作人员面对浩如烟海的文献档案，很难产生全面的认知，从而无法充分发掘档案信息资源的价值。可视化技术能够将档案信息资源中难以被直观观察到的语义关系以图形、图像的形式直观地展现出来，使档案信息资源的挖掘更加系统、高效，并能精准定位，提取档案信息资源的潜在价值，创造更多的社会价值。

②具体应用。

可视化技术是指利用计算机将复杂的数据和信息以交互的、可视化的表现方式呈现出来，使人们能够更加清晰地了解信息内容的技术。可视化技术的研究重点是它倾向于对复杂的数据信息进行分析与计算，将结果转化为易于理解的可视化图形，通过图形以最直观的方式显示出数据中隐藏的信息和规律。视觉是人类了解外界的主要渠道，人们从外界获得的信息80%来自视觉系统，可视化技术就是在这样的客观规律下，建立了一种符合普遍认知、方便人们理解的直观印象。可视化技术经过长期的发展，现已成为人们分析抽象复杂数据的重要工具之一，也出现了多种应用案例。

可视化技术在档案信息资源挖掘中也能发挥类似的作用。第一，建设完整的档案信息资源数据集，即可视化界面，可帮助用户全面了解有关档案信息资源的情况。第二，扩大目标所处档案信息资源领域，排除不必要的档案信息。第三，根据用户的具体需求展示档案信息资源的具体细节，通过分析用户的具体操作和实践过程，为可视化系统的实现提供指导，并注重明确档案信息资源之间的相关性和系统性，向用户展示档案信息资源数据项之间的关联。

在档案信息资源挖掘的过程中利用可视化技术，了解挖掘对象的属性和相关性，排除海量信息中的干扰项，有助于档案管理工作者和用户更清楚地了解这些信息资源，从而实现对档案信息资源的高效提取。

（3）语义处理技术在档案信息资源挖掘中的应用

①应用必要性分析。

在大数据环境下，档案信息资源的数量呈爆炸式增长，结构也越来越复杂，多媒体档案的占比也越来越大。在这种背景下，手工采集、开发和利用档案信息资源的传统方法已经基本不能满足人们的需求。而利用语义处理技术处理原始档案信息资源，建设数字档案信息资源跨媒体语义检索框架，有利于深入挖掘档案信息资源，可以在语义理解的基础上提高档案信息资源语义理解挖掘算法的语义化程度和性能，提高档案信息资源挖掘效率，最终实现对浩瀚、复杂的档案信息资源的快速挖掘和智能提取。

②具体应用过程。

语义处理技术的主要功能是用自然语言对原始档案信息资源进行处理，以便使机器能够更好地"理解"用户的目的和需求，进而更准确地对档案信息资源进行挖掘。语义处理技术是以计算机科学和语言学为基础，通过计算机算法分析人类自然语言的技术，是人工智能领域的一项突破。语义处理技术的关键技术包括对自然语言的词法分析、对语言意义的分析、对句子句法和内容的分析以及语音识别和文本生成技术的分析。在档案信息资源的挖掘过程中，这些技术可以使计算机对原始档案信息资源产生深刻的理解，使计算机能够理解这些自然语言，为档案信息资源的挖掘者系统地掌握档案信息资源的内容摘要，对档案信息资源的内容进行检测，按关键词的意义和语义对档案信息资源进行分类整理，对原始信息进行深度挖掘检索和质量检测提供帮助，还可以对用自然语言所表达的信息的形态（文本、声音、图像）进行转化，实现档案信息资源的丰富扩展和清晰表达，对提高档案信息资源的挖掘效率具有重要意义，同时为智能检索技术的应用奠定基础。

自然语言处理技术可以分为机器翻译技术和语义理解技术两类。机器翻译技术是利用计算机实现对自然语言内容的理解和提取，并以文本或其他形式输出自然语言内容，将一种自然语言翻译成另一种自然语言的技术。语义理解技术强调检索工具与语言学的结合，通过开发专门的关键词检索工具和对原始信息的扫描，厘清词义和句子之间的相互关系，从而实现对目标词在语义层面的理解。在自然语言处理技术中，通常会采用汉语分词技术、短语识别技术和同义词处理技术对原始语言信息进行系统的识别和提取。

总而言之，语义检索在档案信息资源挖掘过程中主要有语义分析法和分词技术两种应用方法。语义分析法旨在通过语义分析技术在资源挖掘中对搜索关键字进行分析，拆分关键词并找到拆分后它们之间的联系，以及搜索与含义相关的其他关键词，最后实现对用户查询目标的解读，给出能够满足用户期望的结果；分词技术是档案用户在查询档案信息时对用户输入的词条进行分析，根据相应的标准对查询项进行划分，然后根据相应的匹配方法对分割后的字符串进行处理，最终提取目标资源的技术。

二、信息时代大数据环境下的档案信息资源开发与利用

（一）大数据环境下档案信息资源开发与利用的主客体与目标分析

利用是指人们使用某些资源满足自身特定需求的过程，需要主体供给和客体需求在一

定程度上相互契合才能够实现。下面将对档案信息资源开发与利用的主体和客体以及大数据环境下档案信息资源利用的目标进行分析。

1. 主体

档案馆是档案信息资源开发的主体，其保存着丰富的档案信息资源。综合性档案馆作为一种相对复杂、规模较大的档案馆，相比于其他类型的档案馆具有多方面的优势，如人才和资源相对充足、信息资源更加广泛等，是档案信息资源利用的中坚力量。在大数据环境下，许多档案馆提供了微信、微博、知乎、豆瓣等微媒体服务，还有一些大型档案馆开发了属于自己的手机软件或小程序。然而，服务方式的扩增使所需人力、物力资源也相应增多，超出了档案馆的上限，导致一些档案馆对新方式力不从心，或出现无意义的填充行为，降低了档案信息资源的质量。

2. 客体

对档案信息资源有利用需求的人就是档案信息资源利用的客体。过去对档案信息资源有需求的人多属于相关专业人士或有明确需求的特定人群，但是在大数据环境下，对档案信息资源有需求的人越来越多，有大量的人在利用微信、微博等媒介获取档案信息资源，以满足自身对档案信息资源的利用需求。与此同时，也有一部分人群对档案信息资源的利用相对固定，这类人群也是档案馆的主要服务对象。对此，档案管理工作者要在大数据环境下沉着冷静地推进档案管理工作，确认好服务对象，明确档案信息资源的客体。

3. 目标

档案信息资源开发与利用的目标是将主体与客体结合，使档案信息资源供需平衡、相互匹配，从而满足客体的信息需求。但是，在大数据环境下，档案信息资源开发与利用的目标有了新的延伸，即在满足客体需求的前提下，将过程简化，使客体能够更方便快捷地利用档案信息资源。在如今档案信息资源呈爆炸式增长的背景下，用户想要精准找到能够满足自身需求的档案信息资源是非常困难的，因此档案馆应当充分分析、了解用户的需求，根据用户的需求合理地对档案信息资源进行分类，升级搜索引擎，利用互联网快速、便捷地将用户所需的档案信息资源传递给用户，为用户提供优良的服务体验。

（二）大数据环境下档案信息资源开发与利用的特征

在大数据环境下，档案管理工作者应当把握好档案信息资源利用的新特征，从而更好地开展档案管理工作。

1. 空间上的移动性

移动性是指人或物在空间上的变化。在移动信息服务过程中，用户及其携带的终端处

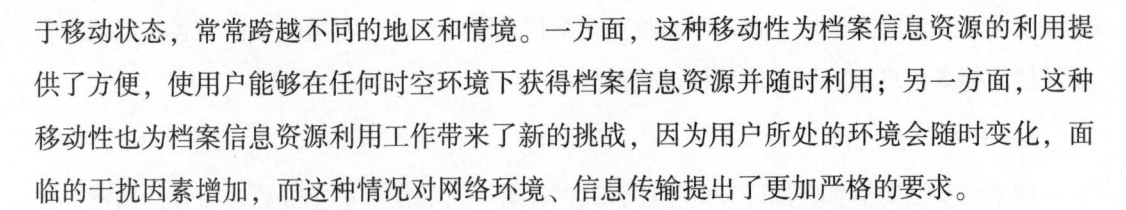

于移动状态，常常跨越不同的地区和情境。一方面，这种移动性为档案信息资源的利用提供了方便，使用户能够在任何时空环境下获得档案信息资源并随时利用；另一方面，这种移动性也为档案信息资源利用工作带来了新的挑战，因为用户所处的环境会随时变化，面临的干扰因素增加，而这种情况对网络环境、信息传输提出了更加严格的要求。

2. 时间上的碎片化

在现代人快节奏的生活状态下，时间逐渐碎片化，这也为档案管理工作者带来了新的挑战。可以说在大数据环境下，人们对文字的敏感度降低，不再有耐心阅读长篇大论的文章，转而进入了"读图时代"，图像、视频成为人们获取信息和消遣娱乐的主流形式。人们的这种碎片化阅读的习惯也影响着档案信息资源的利用。对此，档案管理工作者要在编辑档案信息资源、挖掘档案信息资源、提供档案服务时注重简洁性和娱乐性，以迎合用户的习惯。

3. 用户主导档案信息资源开发

在大数据时代，人们的表现欲和自我表达的能力都有所提升，而众多的平台也为人们提供了展现自我的平台，因此人们在挑选服务时更加重视自身的诉求。这就要求档案信息资源的开发与利用要由传统的主体主导转向用户主导，要更加注重采集用户的需求与意见，常常推出档案信息需求的调查问卷活动，并将这项措施深入各类选题、选材、编辑、宣传活动中，使用户与开发者紧密结合，提升资源利用率。

4. 档案信息资源利用的深度增加

大数据环境下档案信息资源的利用从简单的"实物利用"向"知识利用转变"。换言之，在大数据环境下，档案信息资源不仅具有凭证性作用，还具有指导实践、辅助创作、记录历史等知识利用功能，可见档案信息资源的利用深度增加。

5. 档案信息资源利用的方式增多

传统档案信息资源的利用主要通过到馆利用、编研成果利用和网站利用几种方式实现。在大数据环境下，档案利用方式和渠道都被拓宽，微信、微博、手机应用等多重社交平台、信息分享平台都为档案信息资源提供了更为广阔的天地，使档案通过这些媒体走近人们的生活。

三、信息时代大数据环境下的档案信息服务创新

当前，我们处在信息技术飞速发展的大数据时代，我们在享受大数据带给我们的便利的同时，也面临着一些问题和困扰。对于档案信息服务来说，也有很多技术方面的困扰，

各种新型技术的广泛应用,导致原本的档案信息服务受到了严重的冲击,但是与此同时,这些改变也为档案信息服务的新发展提供了很多机会。

(一)大数据时代档案信息服务研究现状

档案界对于大数据这一概念还没有一个统一的认识,但是有一个潜在的共识,即大数据作为结构化数据、半结构化数据与非结构化数据的总和,不是对数据量大小的定量描述,而是一种在种类繁多、数量庞大的多样数据中进行的快速信息获取。大数据一共有四个特点:一是有着很大的容量,在数量级上,大数据从原本的 TB 级上升至 PB 级,甚至向 ZB 级发展;二是有很多的类型,不仅有很多来源种类,其形式也是极为丰富的,包括文本、图像、视频、网络日志、地理位置信息、用户行为信息等;三是有很快的速度,增长速度快和时效性强是大数据的一大特点,这就导致数据比较容易被替代,因为传统的方式已经无法满足人们的需求,人们对于现代数据信息的管理和处理,通常都采用实时分析或是分布式的方法;四就是数据具有稀疏性且关联程度较低,庞大的数据量所蕴含的价值是我们无法估量的,但是单个信息数据所蕴含的价值是很小的,要想将数据中蕴含的巨大价值充分发挥出来,就要对这些有关联的数据进行综合性的整理与分析,这样得出的结果才是有价值、有意义的。

档案信息服务在大数据这一新的时代背景下面临着巨大的挑战,同时数据挖掘是大数据时代下档案信息服务的一种必然选择。

(二)大数据时代档案信息服务模式面临的挑战和机遇

科学技术快速发展的今天,人类也渐渐从之前的信息时代进入了大数据时代。大数据时代相比于传统的信息环境而言,不论是对档案用户的信息需求还是对档案管理工作者的服务模式都带来了很大的改变,这就对原本的档案信息服务模式产生了很大的冲击。新事物既然有不好的一面,就一定会有好的一面,档案信息服务在大数据的影响下,不仅面临着挑战,也面临着能快速发展的好机会。就现在而言,档案信息服务共有两种服务模式:一种是实体档案服务模式;另一种是现代网络档案服务模式。大数据的到来又为这两种不同的模式带来了不一样的冲击。

1. 当前的档案信息服务模式

传统实体档案服务模式和现代网络档案信息服务模式是现有的档案信息服务模式的两种类型,其中传统实体档案服务模式是以实体档案为单位的,并在实践过程中产生了一套相对完整的档案信息服务理论。而现代网络档案信息服务模式是以网站为平台的,即现代网络档案信息服务模式是在网络的产生和发展中产生的，主要是指用于对电子档案的服务利用模式。对于现在的电子档案而言，其发展还不够完善，无论是理论上还是实践方面都还有一定的问题，但是提供电子档案信息服务已经是世界先进的档案信息服务模式了。对于中国而言，提供电子档案信息服务也变得越来越重要，开始成为档案服务发展的主流部分。

（1）传统实体档案服务模式

以往的档案信息服务机构工作人员对实体档案进行收集、整理、鉴定、保管、统计等工作，进而为档案需求者提供服务的过程就是传统实体档案服务模式。提供档案信息服务的方式有以下几种：阅览服务、出借服务、复制供应、咨询服务、交流服务、档案证明和档案展览等。这些服务理论和服务方式是在前人的实践基础上积累和总结起来的，是人们共同努力的结果。由于时代的飞速发展和社会的进步，在引进先进的工作设备的同时，传统档案信息服务方式也在一定程度上受到了影响。相较于其他国家而言，我们国家仍然以纸质档案为主体，这就使得我国还是实行以实体档案为单位的传统实体档案服务模式。

但是，在科技化发展和社会进步的同时，对于新技术的引进也相对地对传统档案服务模式的工作进程有一定的推进作用。

（2）现代网络档案信息服务模式

合理利用计算机网络使其为档案信息用户提供相应的档案信息服务就是现代网络档案信息服务模式。以网络为平台的现代档案信息服务模式是档案服务机构顺应时代潮流提供档案服务利用的一种先进服务模式。这一模式对档案信息服务质量和相应的效率有一定程度的提高，使档案信息服务范围被拓宽，对之后档案服务事业的发展有重要的推进作用。无论是数字档案机构的网络服务，还是现代档案网站所提供的档案信息，它们都包含了馆藏档案资源介绍、档案咨询、档案政务、档案展览、档案推送等必不可少的部分，同时档案网站在很多省和市都已经建设，这对档案信息的服务效率的提升有着重要的推动作用。为用户提供便利的电子档案信息服务是现代网络档案信息服务模式的重要作用，虽然它具有使用便利的优势，但相对而言，电子档案对于安全性和准确性上面也是有一定要求的，这对处在大数据时代的我们也是一个巨大挑战。

这两种档案信息服务模式虽然都能够实现对实体档案和电子档案的提供和充分利用，并且取得了不错的成果，但是因为身处于大数据时代，这两种模式多少也存在着一些问题。在传统实体档案服务模式上，随着时代的不断发展与进步，其服务理论、服务手段和服务设备等都需要进行相应的发展与更新，从而达到与时代同发展的目的。在现代网站档案信息服务模式上，由于这一模式还处在比较初级的阶段，并且相关的理论有一定欠缺，这就需要相关的档案服务工作人员重视其发展问题。总的来说，虽然目前看来这两种档案服务模式都有很多优点，但是还是要根据用户的需求和时代的进步而不断地发展，这就需要档案管理工作者在其开发和研究方面提起重视。

2. 大数据背景下档案信息服务面临的挑战

无论是传统实体档案服务模式，还是现代网站档案信息服务模式，在大数据时代，尤其是电子档案数据信息等的快速增长，给以往的档案信息服务模式带来了一定的冲击。快速增长而种类多的数据信息，对于档案信息服务提出的挑战包括以下四个方面。

（1）如何查询所需要的档案信息

在传统的纸质档案时代，用人工去查找信息是相对可行的，但对于当下的大数据时代而言，要想在繁杂的档案信息中挖掘出重要和有意义的信息并不是一件容易的事，这就使得初步实现档案信息服务有一定的问题。因此，档案管理工作人员首先要解决的问题就是如何在大量的档案信息中快速而准确地查找到用户所需要的档案信息。对于传统实体档案服务模式查询信息和现代网站档案信息服务模式查询信息而言，大数据的发展都对其带来了严峻的挑战。

（2）如何改变原有的服务理念和方式

档案信息服务理念与方式具有间隔性和稳定性，当这些理念与方式形成后，要想再进行改变是一件很难的事情。档案信息服务理念和方式的产生是顺应当今时代的发展要求的，在相当长的一段时间内是稳定的。同时，随着时代的发展和变化，档案信息服务理念和方式也在发生着变化，这就造成了档案信息服务理念和方式的不稳定性和阶段性。对于大数据时代这一全新的时代而言，其对于社会发展的多个领域都产生着或多或少的影响，包括对档案信息服务理念和方式，而且在传统实体档案服务模式上和现代网络档案信息服务模式上都有着相应的体现。因此，要想在主观上对档案信息服务水平和工作效率进行提升，就要对最基本的理论观念性问题加以重视。将大数据时代的特点与元素加入原来的档案信息服务理念和服务方式，从而使新理念更符合社会的需要，顺应时代的发展是一个重要的问题，需要我们尽快解决。

（3）如何加强基础服务设施建设

在大数据时代，通过引进更多的电子设备来相应地提高工作质量和服务效率，是多数档案机构的做法。因为大数据时代的档案信息资源具有数量繁多、来源复杂、种类多样等多方面的特点，因此档案机构需要及时进行基础设施建设，从而满足大数据时代档案信息资源提出的新要求，保证能够提供个性化的服务。与此同时，档案服务机构也要解决好档案信息服务系统的运行环境及维护系统的正常运行，以保障档案信息的完整性、安全性以及原始性。总的来说,加强对档案服务基础设施的建设,是服务水平提高和服务效率提升的重要物质条件和客观条件,需要引起足够的重视。

(4) 如何培养高素质档案信息服务人才

国家的综合实力是由人才决定的,这一规律在档案界也是适用的。如果想提高档案信息服务质量,就要提高档案管理工作服务人员的专业素养和综合素质,这是一个具有重要意义的问题。大数据时代的档案管理工作人员不仅要学会基本的档案管理及服务知识,还要对数据分析、数据挖掘等相关技术有一定的了解。在掌握了这些重要的知识后,档案管理工作人员才能准确无误地开展数据分析工作,同时根据这些数据的特点,相应地进行预测,从而使档案信息服务水平得到提高。对于现在的档案信息服务部门尤其是缺乏数据管理人才的部门而言,这个问题要引起重视。

3. 大数据背景下档案信息服务面临的机遇

虽然大数据的发展为档案信息服务带来了巨大的挑战,但是机遇与挑战是并存的,档案信息服务也有了新的发展。这一发展体现在服务内容、服务模式和服务思想等的变化上。这为传统实体档案服务模式和现代网站档案服务模式的发展起着巨大的推动作用。

(1) 有助于丰富档案信息服务内容

在档案服务的发展过程中,数据的增长为其提供了充足的档案资源,使档案服务机构的工作内容打破原有的限制,从而拥有更多的档案信息资源。对于档案机构来说,档案资源除了储藏在本馆内的档案资源外,还可以通过与其他档案机构进行档案信息资源共享,实现档案信息资源云共享。这项举措在很大程度上克服了档案资源的局限性,从而可以为用户提供更多有意义的档案资源。总而言之,对于档案机构信息服务来说,大量的档案信息资源为其提供了必要的硬性支持,不仅能使其提供更多方面的内容,而且能满足用户的更多需求。

(2) 有助于完善档案信息服务方式

被动服务是以往的档案信息服务模式使用较多的方式,而且服务方式极为简单被动。最常见的服务模式是用户提出查档的要求,档案机构根据用户的需求对档案资源进行查找和提供,同时要求用户办理相应的手续。从这一过程中我们不难发现,这一方式程序复杂,对于用户来说非常不方便。在大数据时代,档案服务机构可以在保持原本的服务方式的同时,利用电子设备和大数据技术扩大服务范围,这就有效地提高了相应的服务质量。对于档案机构来说,应该立足于大数据背景下,尽可能地提高服务水平和服务质量,并且要向社会主动地发布档案信息或是进行档案推送,从而起到提升工作效率的目的。与此同时,档案机构还要进行适当的设计,使电子档案信息资源尽可能地发挥作用,使电子档案信息资源的利用范围尽可能地扩大,从而实现档案信息数字化发展。根据现代化发展的需要,档案服务机构的服务方式和服务流程都要进行一定的转变,服务方式也要从之前的被动方式向主动方式进行转变。

(3) 有助于转变档案信息服务思想

将档案信息服务这一项工作视为一项普通的业务是传统的档案信息服务思维方式,这样的思维是被动且消极的。在大数据时代,人们对档案信息服务机构的服务质量及服务水平有着更高的期待。这就需要档案信息服务机构进行思维上的转变,将被动变为主动。与此同时,档案信息服务也要以用户为中心,在满足用户个性化需求的同时也要提供更好的人性化服务。对于档案服务机构的思想转变,大数据提供了重要基础。正是因为有了大量的档案信息资源,才使得档案服务机构能为用户提供准确的解答和优质的服务。

参考文献

[1] 黄亚军,韩国峰,韩玉红. 现代档案信息化管理与建设研究[M]. 长春:吉林人民出版社,2022.

[2] 杨晓玲,张艳红,刘萍. 档案信息化管理与建设研究[M]. 长春:吉林人民出版社,2022.

[3] 王雅琼,王瑞,刘幸幸. 档案信息化建设与管理创新[M]. 哈尔滨:北方文艺出版社,2022.

[4] 关鑫,展银辉,石晓玲. 图书馆信息服务发展与档案信息化建设[M]. 汕头:汕头大学出版社,2022.

[5] 王庆汉. 信息化视角下的高校档案管理建设与创新[M]. 哈尔滨:北方文艺出版社,2022.

[6] 毕然,严梓侃,谭小勤. 信息化时代企业档案管理创新性研究[M]. 北京:新华出版社,2022.

[7] 林婷婷,冯秀莲,林苗苗. 档案信息资源与数字化管理开发研究[M]. 哈尔滨:哈尔滨工程大学出版社,2022.

[8] 卢捷婷,岑桃,邓丽欢. 互联网时代下档案管理与应用开发研究[M]. 北京:北京工业大学出版社,2022.

[9] 郭美芳,王泽蓓,孙川. 档案信息化建设与管理[M]. 长春:吉林人民出版社,2021.

[10] 徐世荣. 档案信息化建设与管理创新研究[M]. 长春:吉林文史出版社,2021.

[11] 赵旭. 档案信息化建设的理论与实践研究[M]. 北京:科学技术文献出版社,2021.

[12] 周彩霞,曹慧莲. 档案管理信息化建设理论与实践探索[M]. 北京:北京工业大学出版社,2021.

[13] 高莉. 图书馆管理与档案资源建设[M]. 长春:吉林人民出版社,2021.

[14] 赵吉文,李斌,朱瑞萍. 数字图书馆建设与档案管理[M]. 汕头:汕头大学出版社,2021.

[15] 李雪婷. 人事档案信息化建设与创新管理研究[M]. 长春：吉林文史出版社，2020.

[16] 张鹏，宁柠，姜淑霞. 图书馆信息化建设理论与档案管理实践[M]. 长春：吉林人民出版社，2020.

[17] 张玉霄. 数字档案信息资源安全管理研究[M]. 长春：吉林大学出版社，2020.

[18] 张杰. 信息时代下档案管理工作创新研究[M]. 长春：吉林大学出版社，2020.

[19] 李小贞，宋丽斌，赵毅. 现代馆藏管理与资源建设[M]. 长春：吉林人民出版社，2020.

[20] 王静. 人事档案信息化建设与创新管理研究[M]. 吉林出版集团股份有限公司，2019.

[21] 傅永珍. 档案管理与信息化建设[M]. 天津：天津人民出版社，2019.

[22] 马利华. 图书馆信息管理与服务研究[M]. 延吉：延边大学出版社，2019.

[23] 任杏莉. 图书馆管理与服务创新研究[M]. 长春：吉林科学技术出版社，2019.

[24] 王晓琴，芦静，任丽丽. 档案管理基础理论与实践研究[M]. 长春：吉林科学技术出版社，2022.

[25] 王瑞霞. 现代档案数字化管理研究[M]. 长春：吉林人民出版社，2022.

[26] 李飞翔，康馨心，王剑. 档案管理理论与研究[M]. 长春：吉林科学技术出版社，2022.

[27] 周杰，李笃，张淼. 文书工作与档案管理[M]. 延吉：延边大学出版社，2021.

[28] 李蕙名，王永莲，莫求. 档案保护学与科技档案管理工作[M]. 沈阳：辽宁大学出版社，2021.

[29] 黄河，叶淑仪，傅爱娟. 档案管理与实务分析[M]. 北京：北京工业大学出版社，2021.

[30] 刘祎. 档案管理[M]. 长春：吉林人民出版社，2018.